Trackbook Bayern Nord

Zugegeben, wir hatten überlegt, dieses Buch "Trackbook Franken und Oberpfalz" zu nennen. Aber wir haben dann doch lieber auf den weisen Rat „Des is fei gscheid bled" gehört. Und dies zurecht.

Schließlich kann der gemeine Nichtbayer („Preiß") die vielen eigenständigen Regionen des Freistaates, die sich auch heute noch teilweise als Beutebayern fühlen, nicht wirklich zuordnen. Und damit nicht genug: Innerhalb dieses Gebietes gibt es weitere deutlich eigensinnige Unterregionen wie Rhön, Spessart, Fichtelgebirge, Steigerwald, Jura, Weinland... Aber das hätte dann doch nicht wirklich auf den Titel gepasst.

Genauso vielfältig wie die verschiedenen Regionen präsentieren sich die Landschaften in dieser wilden Mitte der Republik. Liebliche Täler, ausgedehnte Wälder, schroffe Felstürme, jahrhundertealte Handelswege und Panoramarouten. Eine Trackbook-Tour ist aber auch eine Reise durch tausende Jahre Geschichte – von der Keltenzeit bis zu den wechselhaften Ereignissen der neuen deutschen Vergangenheit im letzten Jahrhundert.

Das Trackbook soll ausdrücklich kein weiterer Reiseführer sein und enthält deshalb sehr wenige Informationen zu Kultur, Geschichte, Restaurants oder Unterkünften. Es ist als Anregung für eigene Erkundungstouren auf den abenteuerlichsten Strecken im Norden Bayerns gedacht. Als Ergänzung und für eigene Entdeckungen empfehlen wir das 1:150.000er Kartenset „Bayern" von freytag&berndt (ISBN 9783707917796), das wir als Kartenbasis für dieses Trackbook benutzen.

Wir wünschen Euch eine erlebnisreiche Reise und wunderschöne Zeit beim Erkunden dieser vielfältigen Region in der Mitte Deutschlands.

Melina und Matthias

Routenübersicht

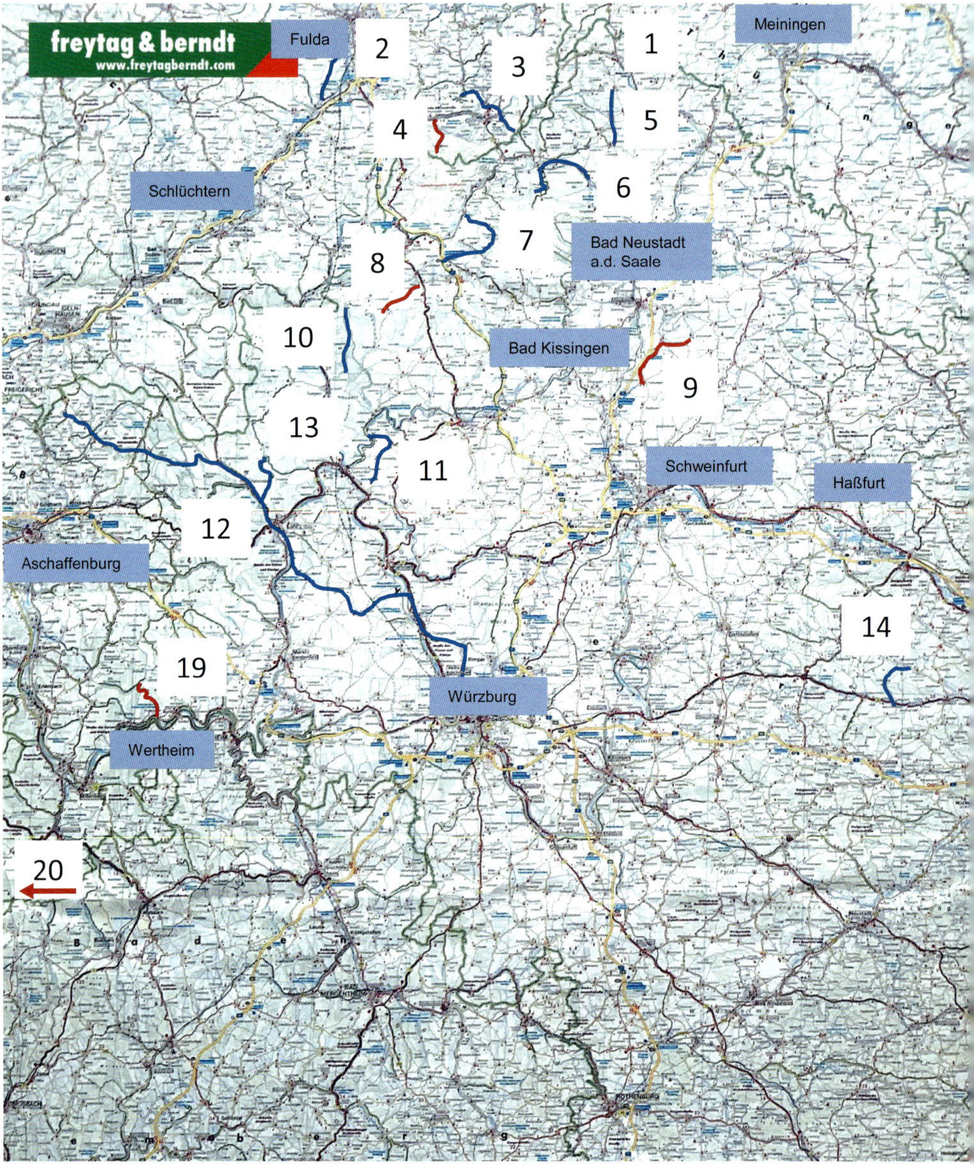

Routenübersicht

Inhalt

Unsere Streckenauswahl

Mit geduldiger und intensiver Suche finden sich in den ländlichen Gebieten Frankens und der Oberpfalz noch abwechslungsreiche und ursprüngliche Tracks die man nicht unbedingt in einer dicht besiedelten und hochentwickelten Industrienation erwarten würde.

Da es mit Landkarten oder auch digitalen Tools nur schwer möglich ist herauszufinden, welche der Strecken lohnend und legal befahrbar sind, haben wir in diesem Trackbook eine Auswahl von Abenteuer- und Erlebnistracks zusammengestellt, die die Vielfalt dieser Region erfahrbar machen. Auch haben wir die beschriebenen Tracks in ihrer Schwierigkeit kategorisiert, um Euch die Entscheidung zu einer Befahrung mit Eurem Fahrzeugtyp zu erleichtern. Mit den ausgewählten Tracks wollen wir Euch tatsächlich verführen, in die jeweiligen Regionen einzutauchen – bitte nutzt diese Anregungen um auch selbst noch die ein oder andere Strecke zu erkunden und nur für Euch die Vielfalt dieser Region zu entdecken.

Dabei haben wir darauf geachtet, dass es nicht nur staubt oder holpert, sondern Tracks ausgewählt, die zu landschaftlich oder kulturell lohnenden Zielen führen. Neben den beschriebenen Tracks gibt es noch eine Vielzahl weiterer Strecken. Diese enden jedoch allzu oft in Sackgassen oder an Verbotsschildern.

Unsere Streckenauswahl

Bei der Auswahl der beschriebenen Tracks haben wir zusätzlich nicht nur darauf geachtet, dass diese auch legal befahrbar sind, sondern auch Strecken nicht mit aufgenommen, bei denen es uns so schien, als wäre dort Fahrzeugverkehr fehl am Platz oder unerwünscht. Bitte nutzt vor Ort Euren gesunden Menschenverstand – es kann zwischenzeitlich schon zu neuen Sperrungen gekommen sein oder eine Befahrung ist im Moment einfach unpassend.

Obwohl das Befahren der Tracks für die Einheimischen oft noch zum Alltag gehört, ist Rücksicht und Mitdenken notwendig, um diese auch zukünftig für die Allgemeinheit offenzuhalten. Durch Raserei im Trophystil und anderes rücksichtsloses Verhalten ist es nur eine Frage der Zeit, bis die Möglichkeiten, Deutschland auf Backroads zu erkunden, weiter eingeschränkt werden.

Wir haben für Euch ein paar Verhaltenstipps auf der nächsten Seite zusammengefasst.

Der Trackbook Knigge

Wer die Welt individuell Erkunden und abenteuerlich Entdecken möchte, denkt wahrscheinlich nicht als Erstes an Nord Bayern. Die ausgewählten Tracks sind keine Ersterkundungen, sondern unsere Routen führen zum Teil auf über Jahrhunderte alten historischen Verbindungsstrecken durchs Land.
Bei der Fahrt durch diese wenig besiedelte Region, gehört die Nutzung ungeteerter Strecken hier noch zum Alltag.
Wir haben ein paar Tipps zusammengestellt, die uns allen helfen können, damit das auch in Zukunft noch möglich ist:

- Bleibe immer auf den Strecken - achte Privatgrundstücke.
- Nimm Rücksicht auf Wanderer, Radfahrer, Reiter und Anwohner. Passiere sie langsam, staubarm und mit Abstand.
- Sei tolerant - es gibt verschiedenste Reisearten und Schwerpunkte beim Erkunden.
- Respektiere die Einheimischen, freundliches Grüßen hilft.
- Fahre nicht auf gesperrten Strecken.
- Hinterlasse keinen Müll.
- Unbedingt die Einschränkungen und Verbote zum Feuermachen beachten. Waldbrände sind ein großes Problem und bei diesem Thema versteht niemand Spaß.
- Freies Campen ist verboten.
- Sei freundlich und hilfsbereit zu anderen, sich gegenseitig zu unterstützen macht das Leben leichter.
- Im Zweifelsfall – dreh lieber um!

Fahrzeuge

Personenwagen

Autos, die nicht gebaut wurden, um befestigte Straßen zu verlassen, egal ob mit zwei oder vier angetriebenen Rädern. Bodenfreiheit mindestens 10 cm.
Beispiele: VW Golf, Toyota Prius, Mercedes S Klasse.

- Können einen Teil der **blauen Strecken** ganzjährig befahren, müssen umsichtig bewegt werden, um Schäden zu vermeiden.
- Können die **roten Strecken** bei Trockenheit mit guter Fahrspurwahl und etwas Einsatzbereitschaft befahren.

Liebe Käfer- und Trabbifahrer – selbstverständlich könnt Ihr Euch wegen der größeren Bodenfreiheit auch etwas mutiger an den roten Tracks versuchen.

Vans

Robuste Fahrzeuge mit 2WD, für kommerziellen Einsatz gebaut, mind. 15 cm Bodenfreiheit. Beispiele: VW Bus, Ford Transit, Fiat Ducato.
Ca. max. Maße in cm H x B x L: 230 x 200 x 550.
In diese Kategorie fallen auch SUV mit 2WD.

- Keine Probleme beim vorsichtigen Befahren der **blauen Strecken**.
- Können die **blauen Strecken** ganzjährig befahren.
- Können die **roten Strecken** bei Trockenheit problemlos und bei Nässe sowie im Winter mit Abenteuergeist befahren.

Fahrzeuge

SUV

4x4-Fahrzeug mit leicht erhöhter Bodenfreiheit, keine Untersetzung, von uns vorausgesetzte Bodenfreiheit mindestens 15 cm.
Beispiele: VW Tiguan, Hyundai Santa Fe, Toyota RAV, Dacia Duster

- Haben keine Probleme auf **blauen Strecken.**
- Können ganzjährig die **roten Strecken** fahren. Vorsichtige Fahrweise und gute Fahrspurwahl vorausgesetzt, um Schäden an Reifen und Unterboden zu vermeiden.

Geländewagen

4x4-Fahrzeuge, die für den off-road Einsatz konstruiert wurden. Mit kurzem ersten Gang oder Untersetzungsgetriebe, einfachem Motor- und Getriebeschutz, robuste Reifen, einer Wattiefe von mindestens 50 cm und einer Bodenfreiheit von mehr als 20 cm.
Beispiele: Land Rover Discovery, Toyota LandCruiser, VW Touareg, sowie präparierte 4WD-Transporter

- Können mit Leichtigkeit und mit entspanntem Genuss auf den Tracks im Nordosten entlang cruisen.
- Für das echte Abenteuer sofort Kurs Nord-Ost einschlagen, wenn heftiger Schneefall oder Dauerregen angesagt ist.

Lastwagen / Expeditionsmobile

Nicht die Geländetauglichkeit, sondern die Größe und das Gewicht von LKW reduziert den Bewegungsspielraum auf den Tracks. Wir haben bei der Trackaufzeichnung darauf geachtet, welche Einschränkungen bestehen. 2WD-LKW sollten Naturbelagstrecken bei Nässe meiden.

Wohnmobile

Lieferwagenplattform mit großem Camperaufbau. Lange Überhänge, geringe Bodenfreiheit.
Beispiele: Hymer Mobile, Wohnmobile auf Basis von Fiat Ducato, VW Crafter etc.

- Können vorsichtig manche der **blauen Strecken versuchen.** Die Wohneinbauten sind jedoch nicht für die höheren Belastungen ausgelegt. Wegen der Größe kann es zu Kratzern auf engen Tracks kommen.

Untergründe

TEER

- Asphaltierte Wege und Straßen.
- Als Track oft einspurig
- Qualität meist gut.
- Ortsdurchfahrten sind meist Teer oder Kopfstein.

SCHOTTER

- Befestigter Weg mit mehr oder weniger ausgeprägter Steinauflage.
- Starke Staubentwicklung bei Trockenheit.
- Oft ist es schwer zu entscheiden, ist es Schotter oder schon Sand.
- Aus unserer Sicht auch nach längeren Regenfällen noch gut und problemlos mit Zweiradantrieb (2WD) befahrbar

Untergründe

NATURBELAG

- Tracks mit nur wenig Unterbau auf unterschiedlichen Untergründen.
- Bei Nässe rutschig, mit sehr tiefen Pfützen. In den entstehenden Schlammpassagen kann Allradantrieb und Bodenfreiheit sehr hilfreich sein.
- Es sind oft breite und relativ häufig befahrene Wege, aber manchmal auch nur Fahrspuren mit Grünstreifen dazwischen. Besonders diese sehr schmalen Wege bergen ein hohes Abrutschrisiko von der Strecke und sollten bei Nässe nur nach Besichtigung der kritischen Passagen und sehr vorsichtig befahren werden.

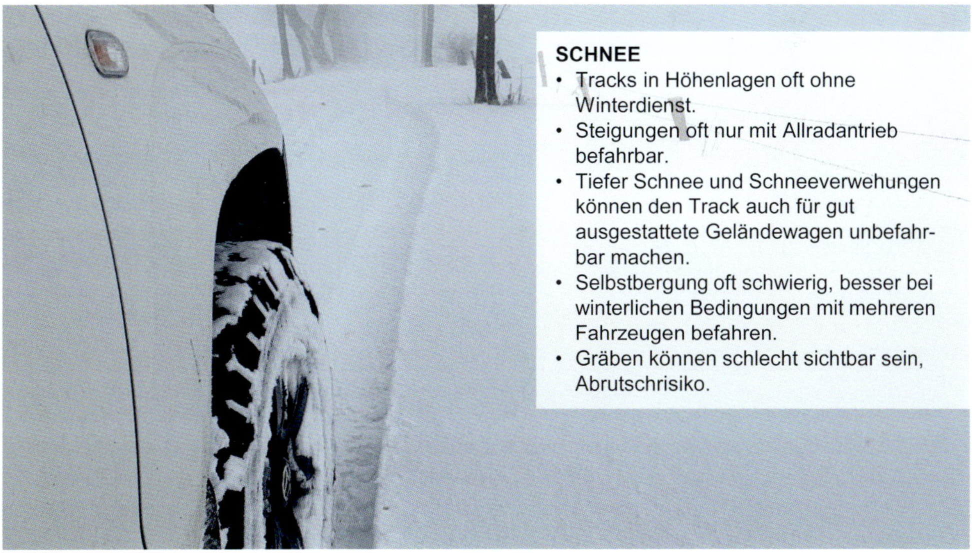

SCHNEE

- Tracks in Höhenlagen oft ohne Winterdienst.
- Steigungen oft nur mit Allradantrieb befahrbar.
- Tiefer Schnee und Schneeverwehungen können den Track auch für gut ausgestattete Geländewagen unbefahrbar machen.
- Selbstbergung oft schwierig, besser bei winterlichen Bedingungen mit mehreren Fahrzeugen befahren.
- Gräben können schlecht sichtbar sein, Abrutschrisiko.

Vorbereitung

Reifen
Niederquerschnittsreifen (niedrige Seitenwand) sind nur sehr eingeschränkt für die Befahrung der Tracks geeignet. Beim Durchschlagen in Schlaglöchern oder durch Steine kann es Löcher geben oder sogar die Felge beschädigt werden. Generell ist ein vollwertiges Ersatzrad sehr empfehlenswert.
Da manche Tracks recht grobe Oberflächen haben, lohnt es sich, den Luftdruck leicht zu senken, sodass eine kleine Wölbung in der Flanke zu sehen ist. Der Reifen kann so mehr der kleinen Stöße aufnehmen und filtern. Dies schützt zum einen den Reifen selbst, zum anderen schont es Fahrzeug und Insassen.

Einige der Tracks können für Nichtgeländewagen recht tief ausgefahrene Fahrspuren aufweisen. Diese Passagen lassen sich meist durch versetztes Fahren außerhalb der Hauptspur langsam passieren. Auch Bodenwellen können bei zu viel Impuls zu teuren Aufsetzern führen. Neben vorausschauender Fahrweise, kann für PKW, Vans und SUVs zumindest der Schutz der Ölwanne für das Befahren der Tracks eine Überlegung wert und im Falle eines Falles auch die günstigere Option sein.

Schwierigkeiten

Die beschriebenen Tracks verlaufen oft auf unbefestigten, nicht staubfreien Wegen. Bei Trockenheit, mit etwas Fahrkönnen und Vorsicht, sind alle Strecken sehr wahrscheinlich auch mit PKW mit normaler Bodenfreiheit machbar. Der Schwierigkeitsgrad liegt deutlich unter dem unserer internationalen Trackbooks, wir haben deshalb die Definition der Schwierigkeitsgrade angepasst. Ein großer Teil der Tracks wurde mit einem serienmäßigen VW California 4motion abgefahren – an einigen Stellen war etwas Augenmaß nötig.

Wer es gerne etwas anspruchsvoller möchte, sollte die Strecken im Winter befahren. Allradantrieb kann dann durchaus notwendig sein.

Wir lehnen jede Verantwortung für Schäden oder Verletzungen oder juristische Konsequenzen ab, die evtl. im Zusammenhang mit der Nutzung dieses Trackbooks entstehen.
Bitte nutze Deinen gesunden Menschenverstand!

Leicht

Präparierte und teilweise befestigte Wege mit einzelnen einfachen Sand- und Schotter-passagen. Auch mit 2WD-PKW meist ganzjährig befahrbar.

Mittel

Wege mit unpräparierten Naturpassagen, weicheren Abschnitten und tiefen Fahrspuren. Mind. 12 cm Bodenfreiheit sinnvoll. Bei Nässe und im Winter teilweise 4WD notwendig.

Schwierigkeiten

Leicht

- **2** Via Regia
- **3** Drive and Hike
- **4** Backdoor Kreuzberg
- **6** Urspringer Weg
- **7** Schwarze Berge
- **10** Strecke 46 nord
- **11** Strecke 46 süd
- **12** Mittelpunkte
- **13** Katharinenbild
- **14** Rennweg
- **17** Markgrafenweg
- **18** Maximiliansgrotte
- **20** Limes
- **24** Hirschwald

Mittel

- **1** Bayrischer Nordpol
- **5** Klein Moskau
- **8** Geyersnechst
- **9** Hopfenleite
- **15** Brauereiweg
- **16** Fichtenhammer
- **19** Eselsweg
- **21** Kaolin
- **22** Blauberg
- **23** Kefering
- **25** Direttissima

Tracknavigation mit Google

Zusätzlich zu der Navigation mit Karte und Roadbook gibt es bei fast allen Tracks die Möglichkeit, über einen Google Link von dem eigenen Standort zum Startpunkt des Tracks und weiter zum Ende des Tracks navigiert zu werden.

Hierzu einfach den QR-Code links unten auf den Karten mit dem Handy scannen, den Link öffnen und den gewünschten Ausgangspunkt in Google maps eingeben.

Achtung: Hierfür ist ein Internetzugang erforderlich, dieser kann in entlegenen Teilen der Tracks manchmal nicht durchgängig gegeben sein.

13 Katharinenbild

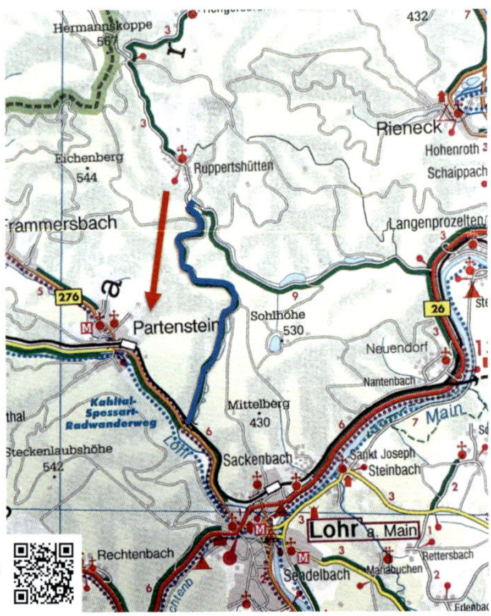

Trackbook lesen leicht gemacht

Das Trackbook ist wie ein klassisches Roadbook aufgebaut. Das bedeutet, dass wichtige Positionen einer Strecke durch Piktogramme dargestellt werden. Diese zeigen, woher Du kommst, was auf Dich zukommt und wohin Du fahren sollst. Falls es für eine Kreuzung kein Symbol gibt: Einfach intuitiv der **Hauptstrecke** folgen. Wir erklären an einem Beispiel wie die Symbole zu lesen sind:

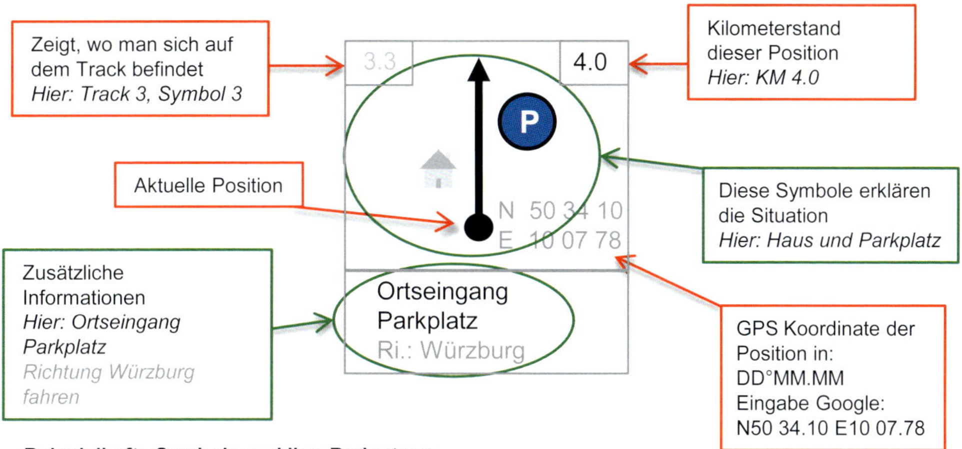

Beispielhafte Symbole und ihre Bedeutung

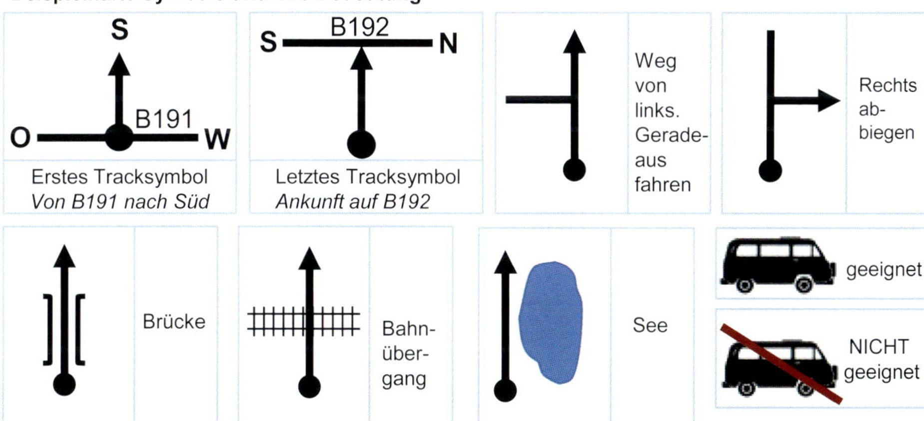

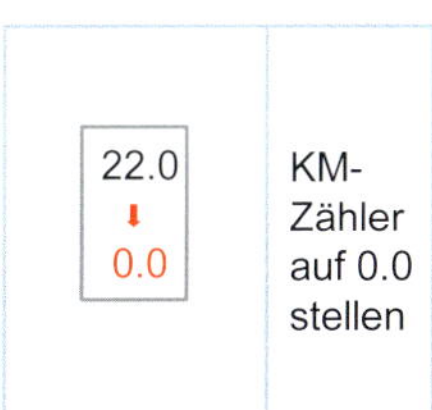

Wir sind alle Tracks abgefahren und die Kilometerangaben wurden mit einem GPS-Gerät aufgezeichnet, Fahrzeugkilometerzähler können hiervon abweichen. Obwohl ein GPS-Gerät sehr genau misst, kann es z. B. im Wald zu Abweichungen kommen. Deshalb bitte sowohl Eure Tachoabweichung als auch mögliche Messungenauigkeiten des GPS im Auge behalten und mitdenken.

Bei größeren Abweichungen haben wir wahrscheinlich einen Fehler gemacht und freuen uns, wenn Ihr uns diesen durchgebt.

1 Bayrischer Nordpol

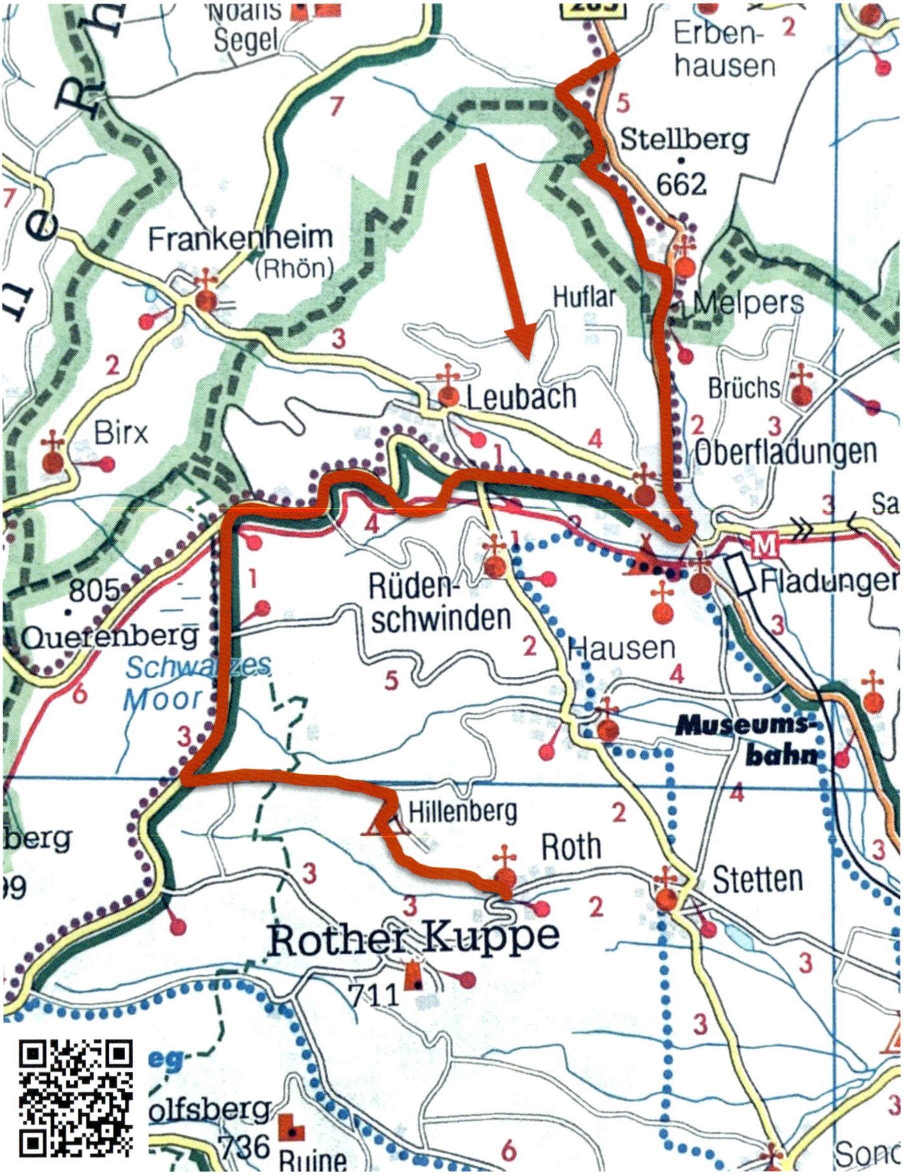

1

Länge: 19,5 km
Dauer: 40 min
Orientierung: 2
Winterbedingungen: 3

Irgendwo hier oben befand sich am Point Alpha der westlichste Punkt des Machtgebietes des Warschauer Paktes. Durch das sogenannte „Fulda Gap“, erwarteten westliche Militärstrategen, würde „der Russe“ einmarschieren. Vollkommen unbeachtet bleibt hingegen ein Ort noch größerer Gegensätze: der Nordpol Bayerns.

Wie es sich für einen zünftigen Pol gehört, ist auch der nördlichste Punkt des Freistaates von bayrischer Seite recht schwer erreichbar. Da sich die DDR jedoch mit bekanntermaßen aufwendigen Grenzanlagen vor dem Einfluss des Klassenfeindes zu schützen versuchte, ist diese geografische Extremposition heutzutage auf einem Abschnitt des Kolonnenweges erreichbar. Da weder Verbotsschilder die Zufahrt verbieten und alte Strommasten auf eine ehemalige Landstraßenverbindung schließen lassen, gehen wir davon aus, dass auch die ersten Kilometer dieses Tracks legal sind. Wer auf Nummer sicher gehen möchte, macht ab dem Startpunkt eine kurze Spazierexpedition zum Pol und steigt an der ehemaligen innerdeutschen Grenze südlich des Ortes Melpers in den Track ein. Dieser führt auf einer Mischung aus landschaftlich schönen Straßenabschnitten und kurzen Schotterpassagen hinauf in die hohe Rhön.
Nach dem Passieren des Dreiländerecks von Bayern, Hessen und Thüringen am „Schwarzen Moor“ präsentieren sich nach dem Abbiegen von der Hochrhönstraße spektakuläre Ausblicke nach Osten. Bevor der letzte schottrige Abschnitt des Tracks durch Buchenwald in das Örtchen Roth führt, bietet sich ein kurzer Abstecher zur Ruine der Hillenburg an. Diese wurde von heimischen Bauern zerstört, da diese vermuteten, dass sich Martin Luther dort versteckt hielt.

Aktivitätentipp: Rundgang auf dem informativen Bohlenweg durch das schwarze Moor.

1 Bayrischer Nordpol

1.1 | 0.0

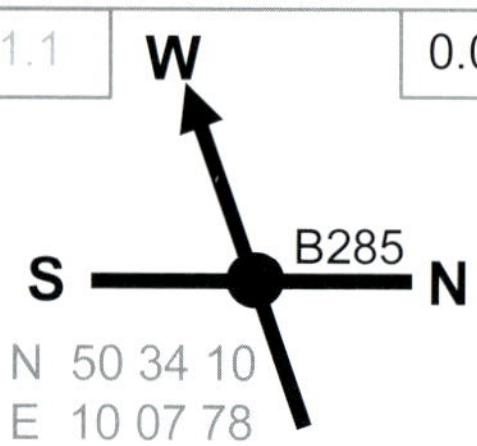

Start:
Den alten Strommasten folgen

1.2 | 0.7

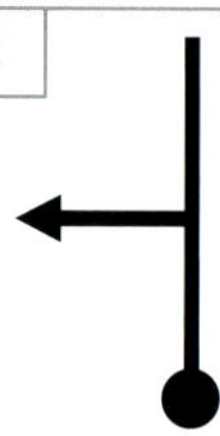

Auf SCHOTTER

1.3 | 1.8

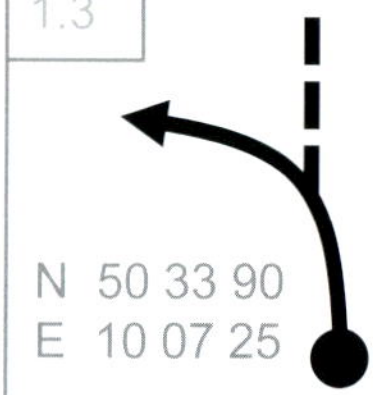

Gerade: Nordpol Bayerns 50 m, Kolonnenweg

1.4 | 1.8

Auf SCHOTTER

1.5 | 2.2

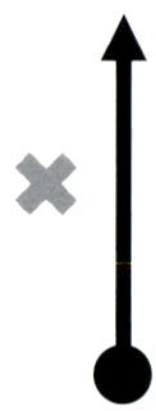

Picknick Platz

1.6 | 2.4

1.7 | 3.0

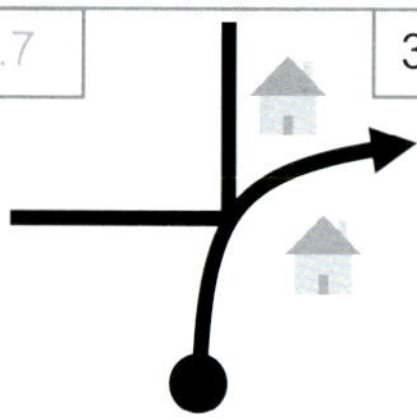

Ortseingang Melpers

1.8 | 3.3

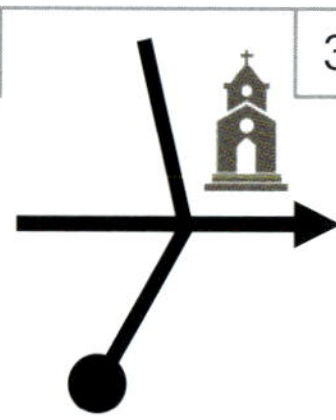

Auf B285

1.9 | 3.9

Bayrischer Nordpol 1

1.10 — 5.8

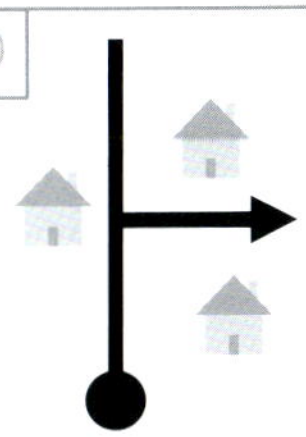

Ort Oberfladungen
In: *Röllweg*

1.11 — 6.2

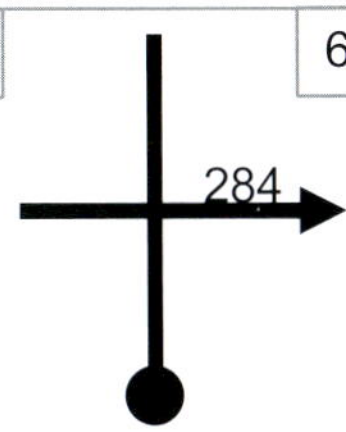

Richtung
Bischofsheim
(Li.: 100 m Tankstelle)

1.12 — 8.6

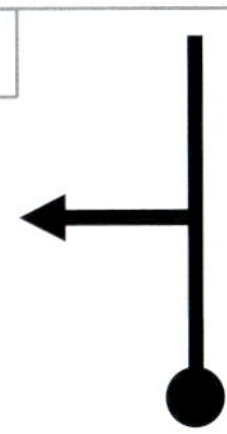

Richtung Autorastplatz
Pfeust
auf SCHOTTER

1.13 — 9.0

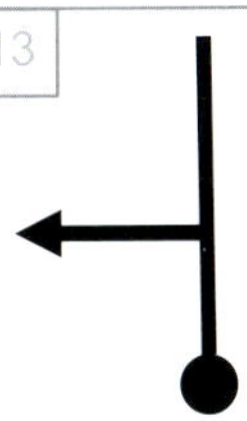

Richtung
Freizeitanlage Pfeust

1.14 — 9.3 ↓ 0.0

Grillhütte und Ruine

1.15 — 0.1

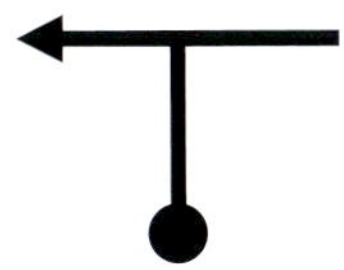

Auf Weg von km 9.0 /
1.13

1.16 — 0.3

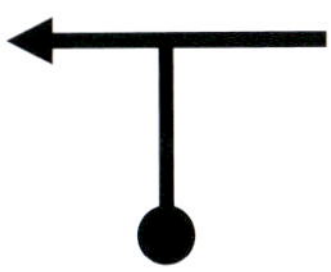

Auf TEER

1.17 — 2.9

N 50 31 40
E 10 04 34

1.18 — 5.9

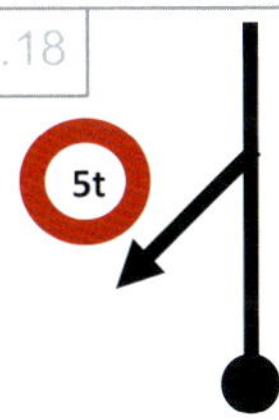

Richtung Hillenberg
5t Achslast

1 Bayrischer Nordpol

1.19 | 8.1

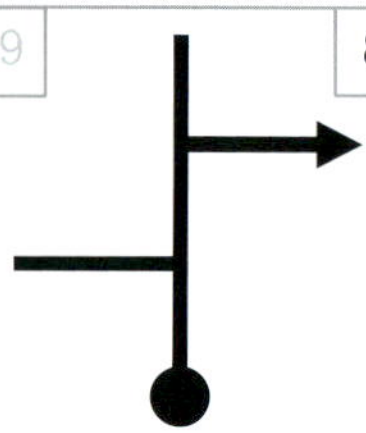

(Li.: Frauenhöhle)
Re.: Hillenberg

1.20 | 8.4

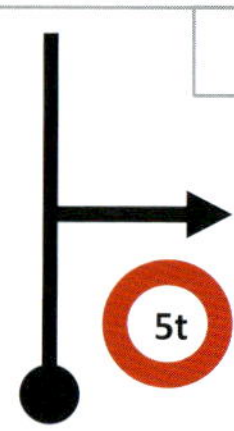

(Gerade Burgruine)
Auf SCHOTTER
5t Achslachst

1.21 | 8.5

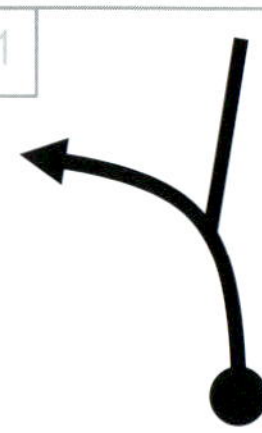

1.22 | 10.1

Auf TEER

1.23 | 10.2

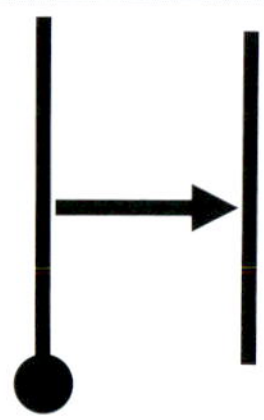

Ende: bei Ort Roth
N 50 29 31
E 10 06 80

Bayerisches Staatsministerium der Finanzen,
für Landesentwicklung und Heimat
NÖRDLICHSTER PUNKT BAYERNS
Gde. Fladungen
Landkreis Rhön-Grabfeld
Grenze zum Freistaat Thüringen
FREISTAAT THÜRINGEN
FREISTAAT BAYERN
Gemarkung Fladungen

2 Via Regia

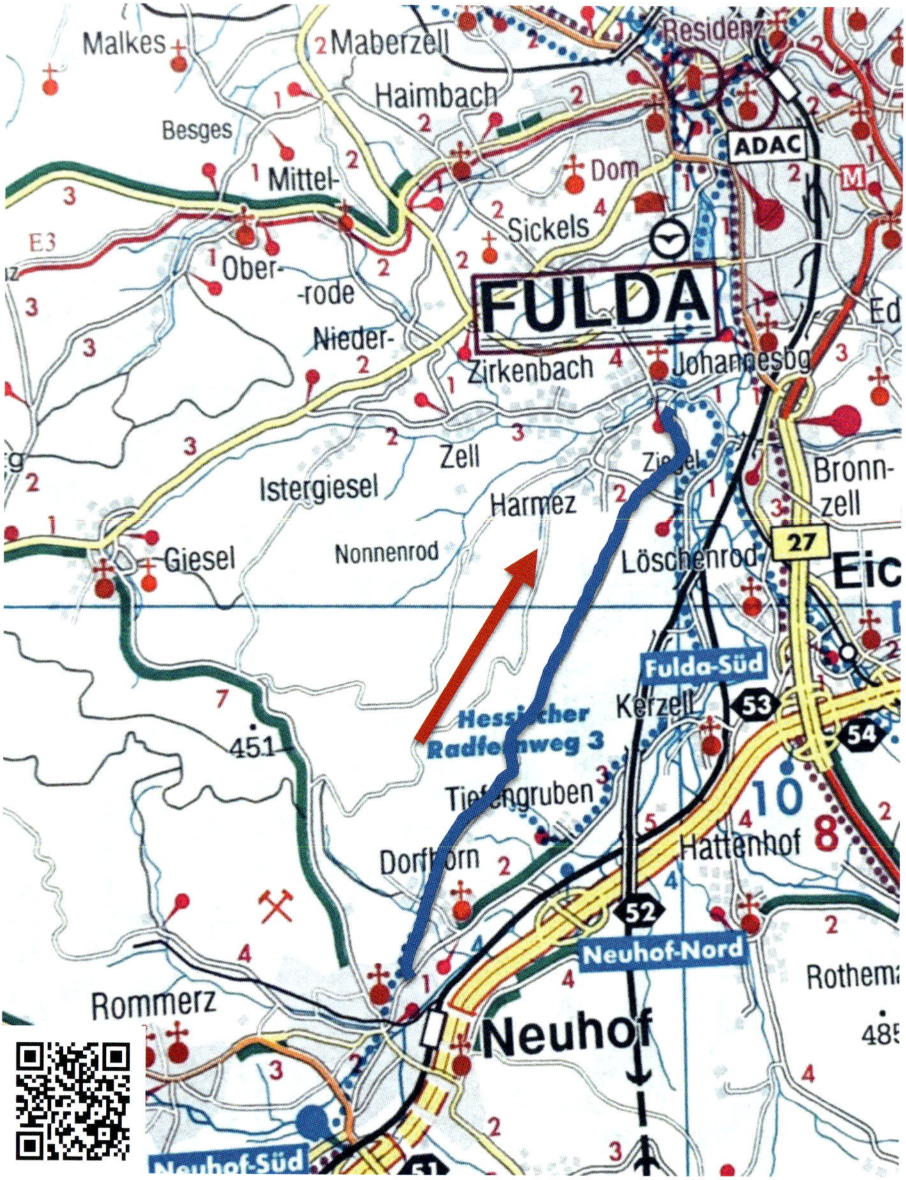

Malkes
Maberzell
Haimbach
Besges
Mittel-
Dom
Sickels
Ober-
-rode
Nieder-
FULDA
Zirkenbach
Johannesbg
Zell
Istergiesel
Harmez
Ziegel
Bronn-
zell
Giesel
Nonnenrod
Löschenrod
Fulda-Süd
Kerzell
Hessischer
Radfernweg 3
Tiefengruben
Dorfborn
Hattenhof
Neuhof-Nord
Rothema
Rommerz
Neuhof
Neuhof-Süd
ADAC

2

Willkommen auf der ältesten und längsten Landverbindung Europas. Obwohl dieser Track zunächst wie eine gewöhnliche ungeteerte Ortsverbindung wirkt, ist er ein bedeutender und über tausend Jahre alter Teil unserer Geschichte. Im Mittelalter war dieser Abschnitt zwischen Neuhof und Fulda ein Teil eines mit kaiserlichem Geleitschutz versehenen Handelswegs zwischen Frankfurt und Leipzig.

Um Reisende und ihre Ware vor Räubern zu schützen, sorgten Geleitreiter und die lokalen Fürstenhäuser für bewaffnete Sicherheit. Die Benutzung dieser sicheren Handelskorridore war jedoch kostenpflichtig und wie an heutigen Mautstationen musste Wegezoll entrichtet werden. Abschnitte der Via Regia waren sogar befestigt, um den Transport ganzjährig sicherzustellen. Auf Teilabschnitten soll der Track sogar noch auf dem Originalbelag vergangener Jahrhunderte verlaufen. So folgt diese, teilweise mit derben Schlaglöchern versehene, Route nicht nur ungezählten Handelsreisenden, sondern auch den Spuren von Goethe und Napoleon.
Obwohl heutzutage trotz fehlendem Geleit mit hoher Wahrscheinlichkeit nicht mehr mit gewaltsamen Übergriffen zu rechnen ist, empfiehlt es sich, die Geschwindigkeitsbeschränkung aus Rücksicht auf Wanderer und Radfahrer einzuhalten. Im letzten Drittel des Tracks bietet sich eine schöne Aussicht über die Barockstadt Fulda und zu den Gipfeln der Rhön.

Aktivitätentipp: Besichtigung der historischen Innenstadt von Fulda.

2 Via Regia

2.1 | 0.0

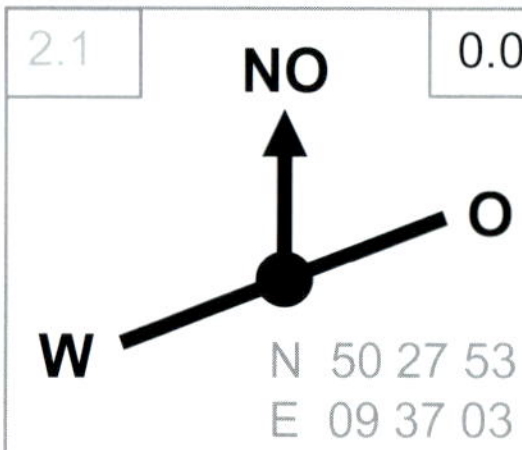

Start:
In Ortschaft Neuhof
auf "Alte Heerstraße"

2.2 | 1.0

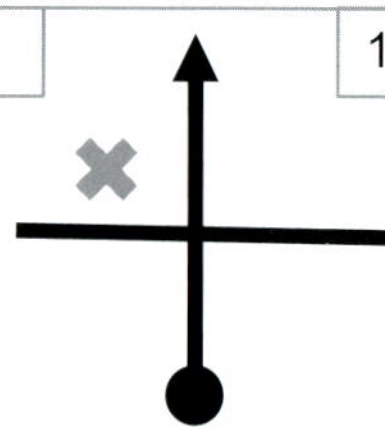

Ortseingang Dorfborn

2.3 | 2.4

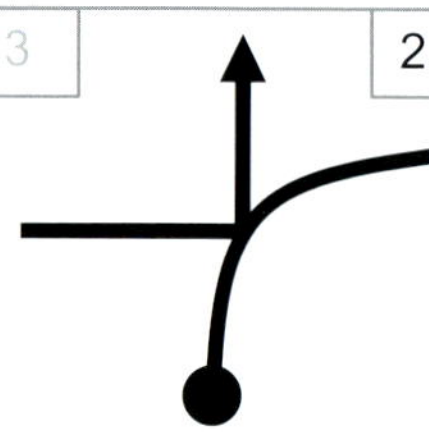

SCHOTTER
Max 10 km/h
Ri: Fulda

2.4 | 2.9

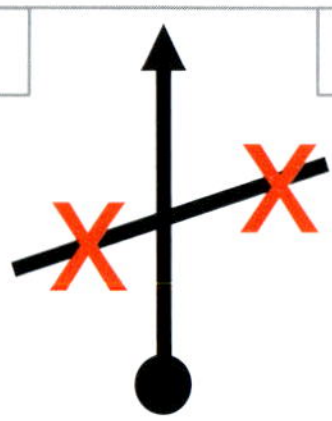

2.5 | 3.7

2.6 | 4.5

Bildstock „Neuhöfer Kreuz"

2.7 | 5.0

2.8 | 5.3

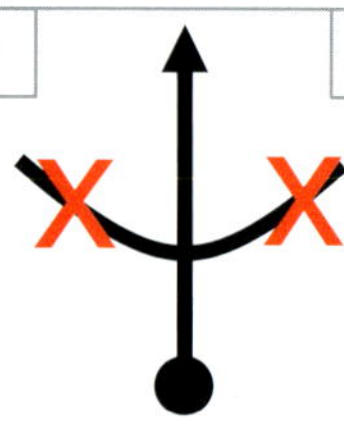

2.9 | 6.0

Waldausgang, Aussicht

2.10 — 6.4

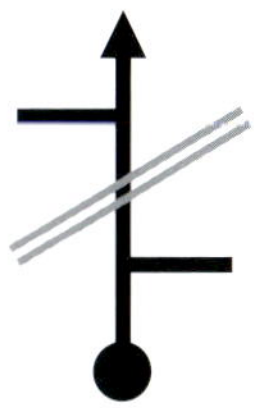

Querrinnen

2.11 — 6.9

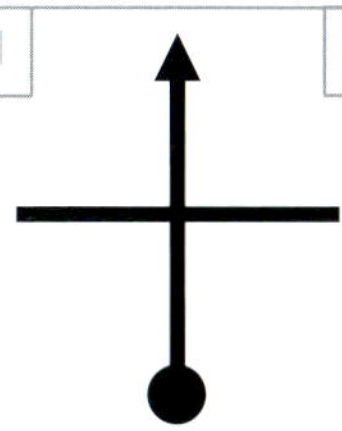

Über Teerstraße

2.12 — 8.2

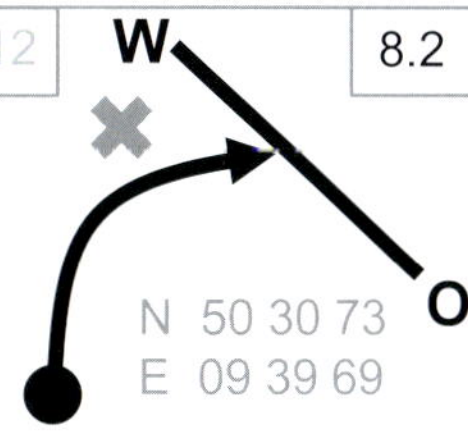

Ende:
Kaisereiche
(Rechts Ri. Fulda)

3 Drive and Hike

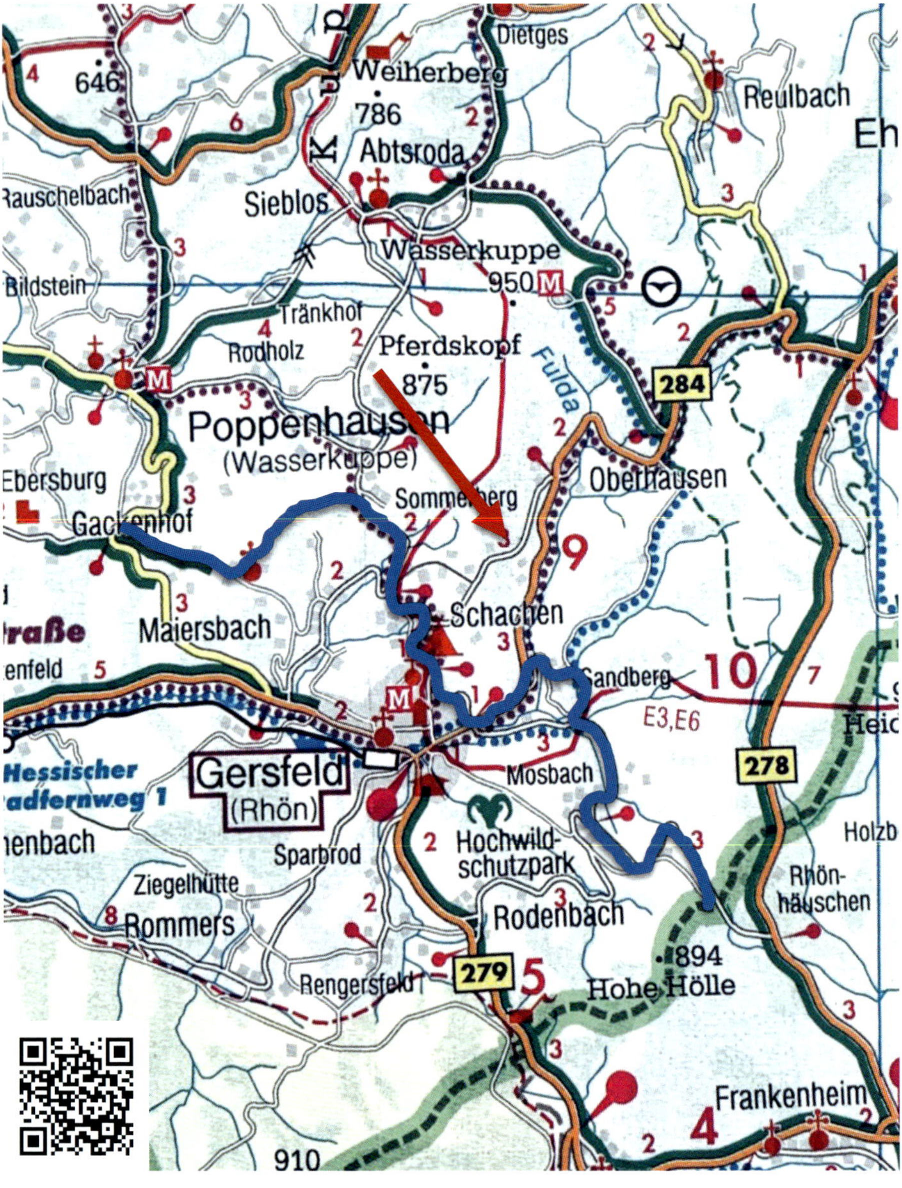

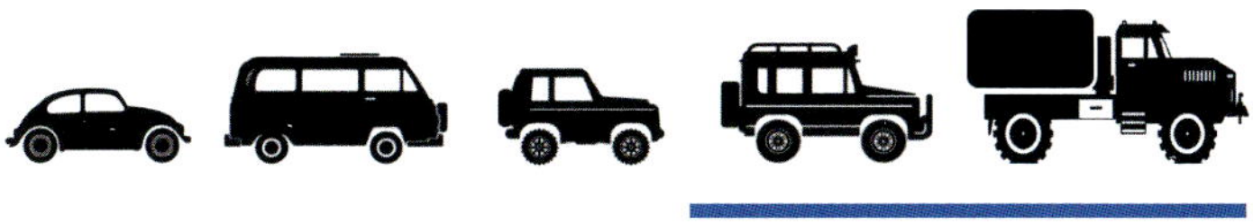

3

Das Bioshärenreservat Rhön ist eines der schönsten Wandergebiete Deutschlands. Aus Resten der Lavaschlote vor 30 Millionen Jahren entstand die heutige Kuppenlandschaft der Rhön. An einigen Orten prägen die Basaltstrukturen deutlich sichtbar die Landschaft. Dieser Track verbindet drei schöne Kurzwanderungen zu einem Ausflug in die Geografie der Rhön.

Der vulkanische Ursprung des Wachtküppels ist auch für Laien leicht zu erkennen, der Basaltgipfel ist in einem kurzen Spaziergang vom nahegelegenen Parkplatz in wenigen Minuten erklommen. Schon im 12. Jahrhundert wurde der phänomenale Rundumblick als Vorposten der Ebersburg genutzt. Die Weiterfahrt auf dem folgenden Schotterabschnitt des Tracks ist, wie das nicht unbedingt leicht verständliche Schild einschränkt, nur an Werktagen zwischen 8 und 12 Uhr erlaubt. In den übrigen Zeiten einfach dem Navi zur nächsten Koordinate folgen und ab dort auf einer Mischung aus Teer und Schottersträßchen zur Kaskadenschlucht fahren. Diese kurze Schlucht gehört zu den wildesten und ursprünglichsten Orten der Rhön und lässt sich auf einer ca. einstündigen Rundwanderung erwandern.

Die letzte Etappe dieses Tracks führt hinauf in die „Hohe Hölle“ zur bayrischen Grenze. Schon im 30-jährigen Krieg verlief hier der Schwedenwall als Verteidigungswerk in der Auseinandersetzung zwischen Protestanten und Katholiken – heute verläuft hier immer noch die Grenze zwischen Bayern und Hessen. Wir empfehlen die Überreste des Walls bei einer Rundwanderung zur aussichtsreich gelegenen Würzburger Hütte zu besichtigen.

Aktivitätentipp: Die vorgeschlagenen kurzen Wanderungen.

3 Drive and Hike

3.1 | 0.0

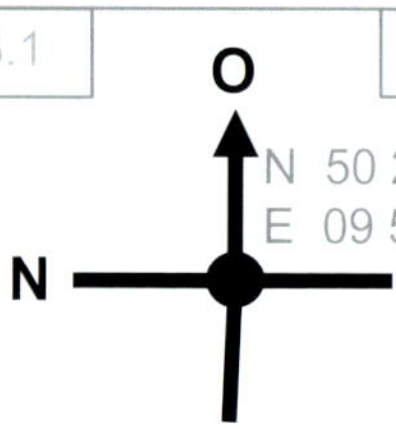

N 50 28 36
E 09 52 01

Start:
Richtung Wachtküppel

3.2 | 1.0

Waldgasthof
Wachtküppel

3.3 | 1.3

Richtung Sankt
Wendelin

3.4 | 1.5

Parkplatz: Start
Wachtküppel
Besteigung

3.5 | 1.6

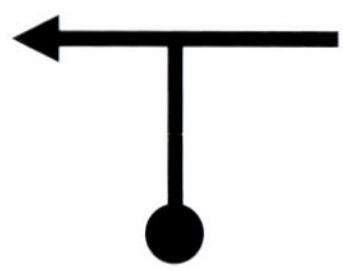

Start SCHOTTER
nur Werktags 8-12

3.6 | 2.0

Haus

3.7 | 2.4

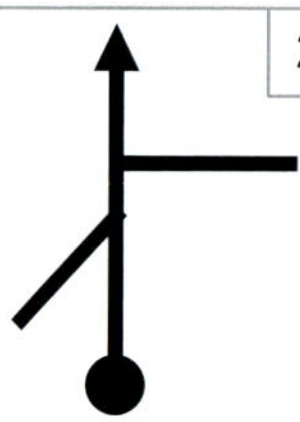

Waldausgang

3.8 | 3.1

N 50 28 44
E 09 53 80

3.9 | 3.8 ⬇ 0.0

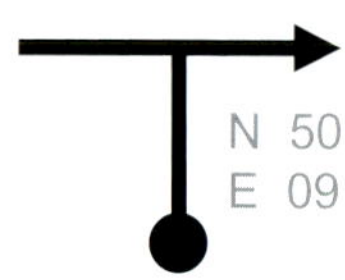

N 50 28 73
E 09 54 55

Auf Landstraße

3.10 | 2.9

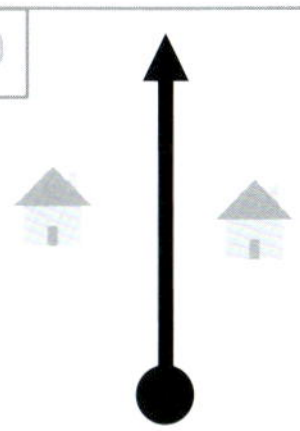

Ort Brembach

3.11 | 4.1

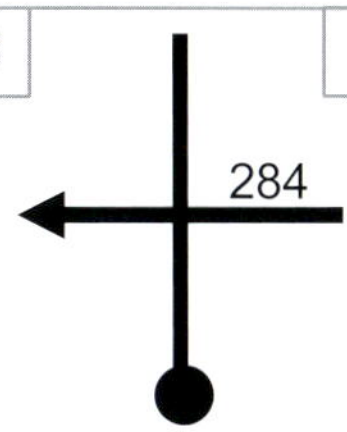

Richtung Wasserkuppe

3.12 | 4.9

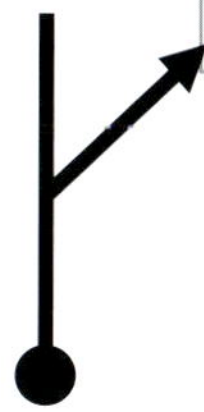

Richtung Sandberg

3.13 | 5.6

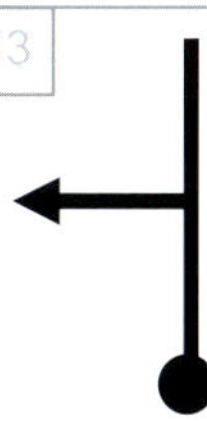

3.14 | 5.8

Richtung Kaskadenschlucht

3.15 | 5.9

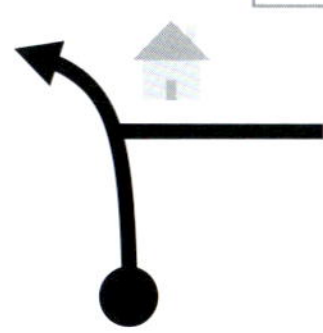

SCHOTTER, direkt an Installationstechnik Günther vorbei

3.16 | 6.3 ⬇ 0.0

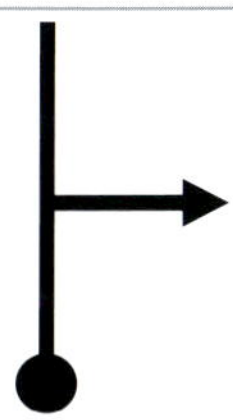

(Gerade: Parkplatz Kaskadenschlucht)

3.17 | 0.2

3.18 | 0.4

3 Drive and Hike

3.19 | 0.8

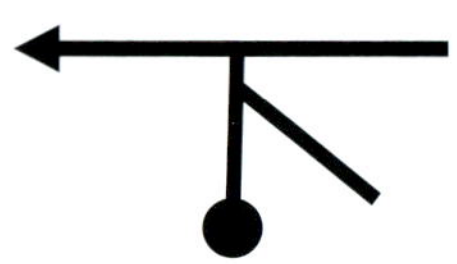

Auf TEER

3.20 | 1.8

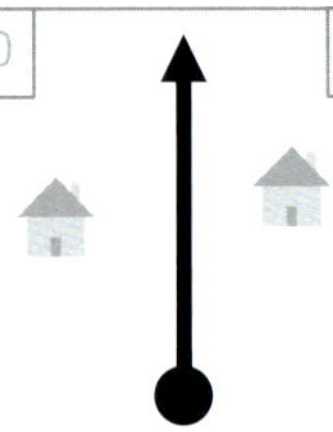

Ort Mosbach

3.21 | 4.8

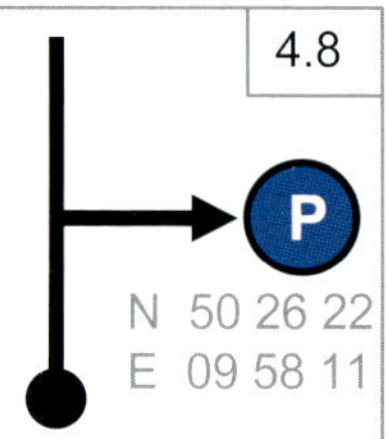

Ende:
Parkplatz
Schwedenwall

4 Backdoor Kreuzberg

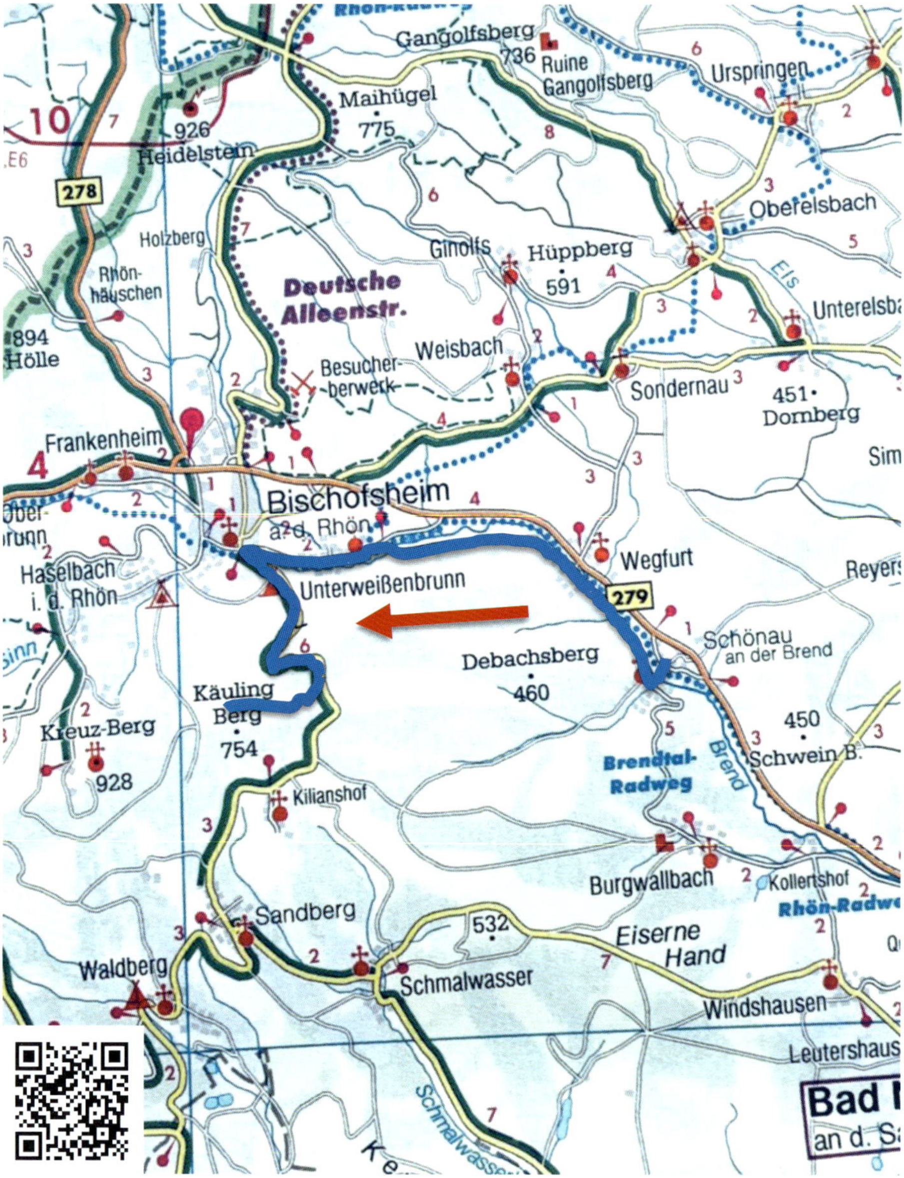

4

Schon seit Jahrhunderten gilt der weithin sichtbare Kreuzberg als ein spiritueller Kraftort. Daran hat sich bis heute wenig geändert. Das Kloster Kreuzberg ist eines der beliebtesten Ausflugsziele der Bayrischen Rhön.

Ob jedoch die auch heute noch andauernde Beliebtheit auf die transzendierende Aura des Berges oder das süffige Klosterbier zurückzuführen ist, sollte jeder im Selbstversuch herausfinden. Dieser Track eröffnet in einer Mischung aus Schotterwegen und einspurigen Teerstraßen eine Zufahrt abseits der Hauptroute ins Kreuzberg-Gebiet. Zunächst folgt die Route dem Flüsschen Brend Richtung Bischofsheim, immer wieder werden verschiedene Kreuzigungsgruppen passiert, die angemessen auf den Kraftort am Ende des Tracks vorbereiten. Ab dem sehenswerten Städtchen Bischofsheim gewinnt der Track an Höhe und endet schließlich auf einem idyllisch gelegenen Parkplatz am Neustädter Haus.

Ab hier bietet sich eine insgesamt einstündige Rundwanderung zum Kreuzberggipfel an. Getreu dem Motto „Glauben und Genießen“ empfehlen wir hierbei sowohl einen Zwischenstopp an der Gemündener Hütte, mit außergewöhnlichem Kuchen und Aussicht, den obligatorischen Stopp im Klosterbiergarten und bei der Rückkehr ein zünftiges Hüttenessen im Neustädter Haus. Hier lässt sich dann auch gut die Fahrtüchtigkeit wieder herstellen.

Aktivitätstipp: Mountainbike-Flowtrail (siehe Anmerkung in der Track-Beschreibung).

4 Backdoor Kreuzberg

4.1 | 0.0

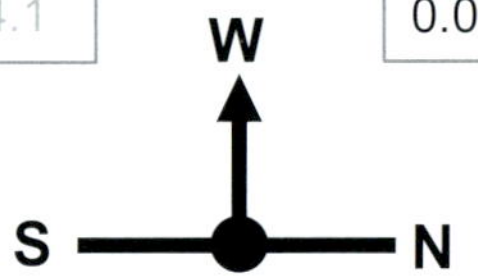

N 50 23 00
E 10 06 11

Start:
Ortseingang Schönau
In *Schöpfengärtenweg*

4.2 | 0.5

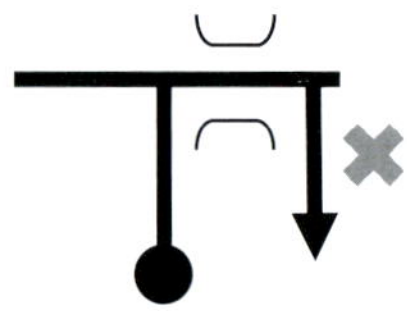

Über Fluss Brend

✖ Dorfbrauhaus

4.3 | 0.9

SCHOTTER

4.4 | 1.2

Kreuz

4.5 | 1.8

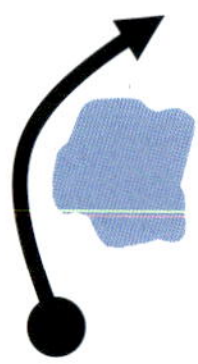

Teich

4.6 | 2.5

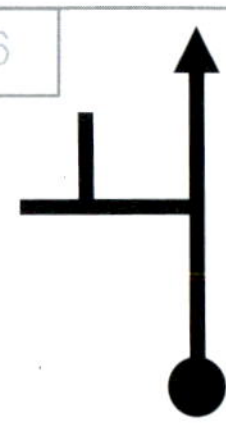

Ortseingang Wegfurt
TEER

4.7 | 2.9

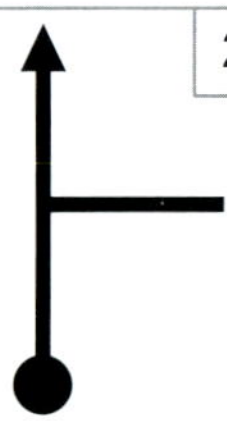

4.8 | 3.7

Kreuz
SCHOTTER

4.9 | 3.8

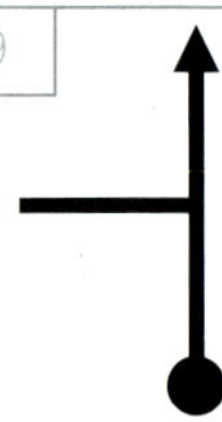

Backdoor Kreuzberg

4

4.10 | 5.1

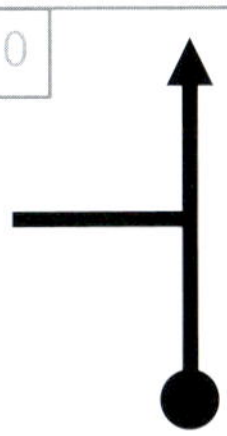

4.11 | 5.3

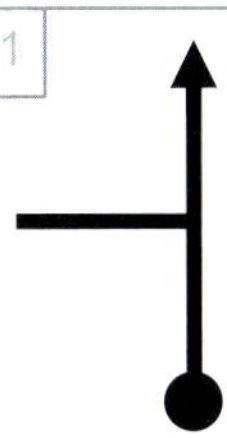

4.12 | 5.8

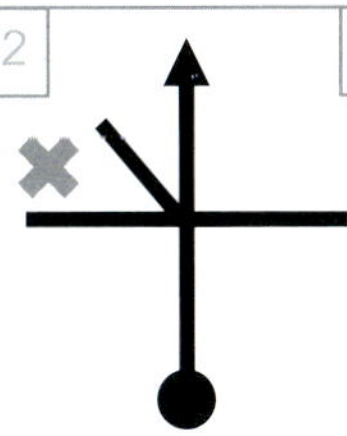

Mariengrotte

4.13 | 6.3

TEER

4.14 | 6.5

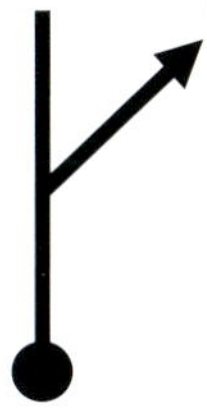

Ortseingang
Unterweißenbrunn

4.15 | 6.8

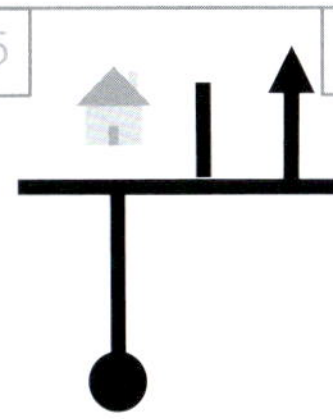

In Straße
Am Gassenrain

4.16 | 7.2

Ortsausgang
Unterweißenbrunn

4.17 | 7.8 ⬇ 0.0

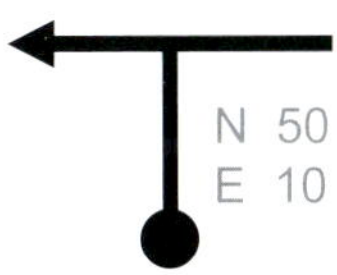

N 50 23 69
E 10 01 25

Auf Landstraße

4.18 | 2.4

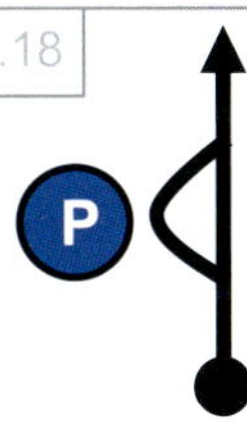

Parkplatz Irenkreuz

4 Backdoor Kreuzberg

4.19 | 2.5

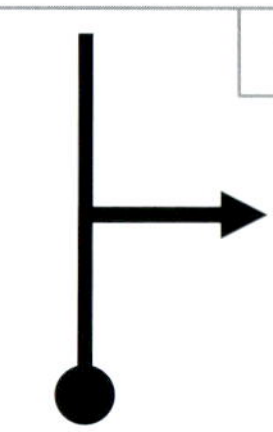

Richtung Neustädter Haus
Achtung Radfahrer

4.20 | 2.6

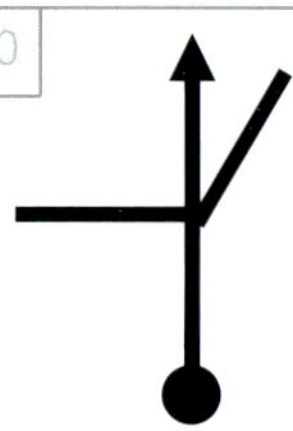

4.21 | 4.2

Start MTB Flowtrail

4.22 | 4.8

N 50 22 46
E 10 01 20

Ende:
Parkplatz Neustädter Haus

Kreuzbergs
Rhöner Spezia
1. Et. Biederm
Café Weinstu
Rhöndorf im großen Saal-d
Tanz und Speise
Gasthaus
mit
Pfiff

5 Klein Moskau

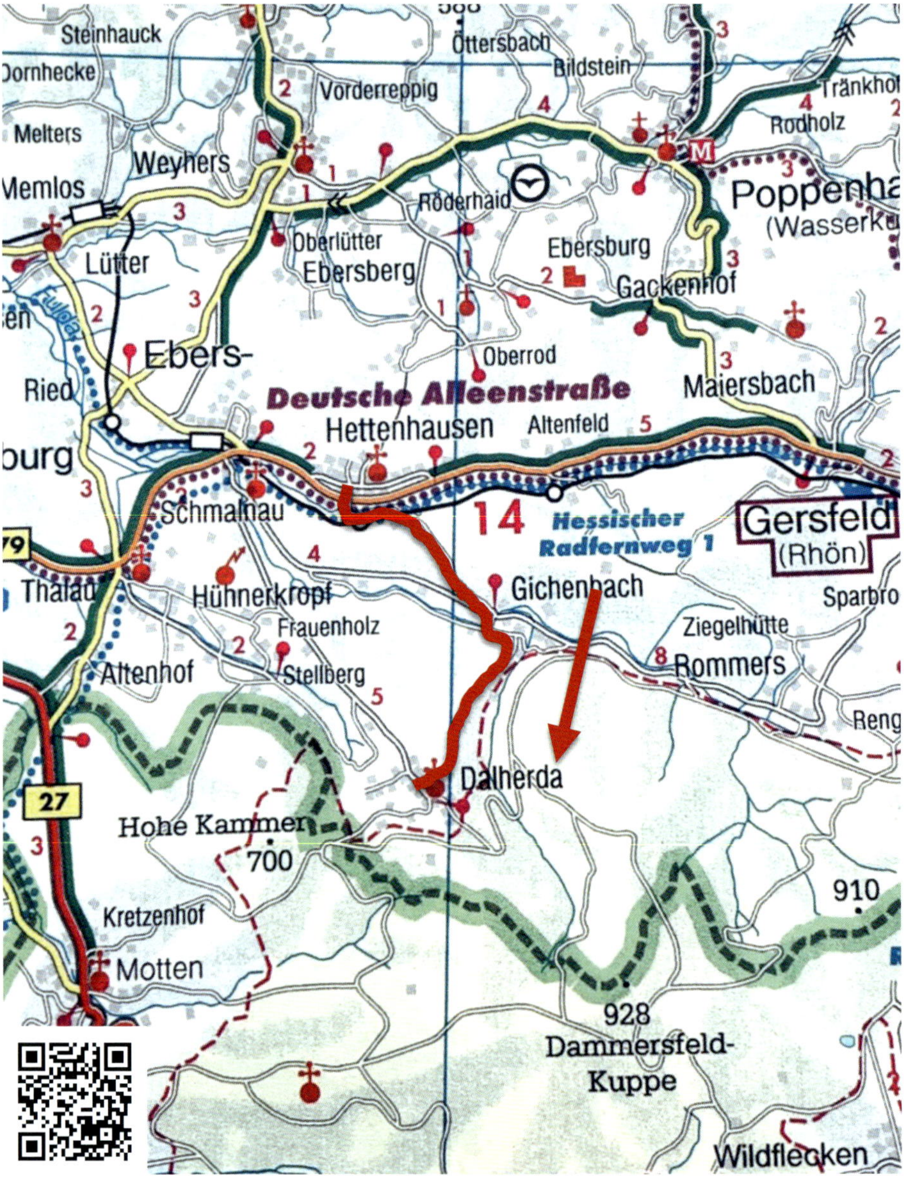

5

Wegen des rauen Klimas und die Lage weit ab der Handelswege war die Rhön jahrhundertelang eine der ärmsten Regionen Deutschlands. So ist es wenig verwunderlich, dass das Versprechen der NSDAP für einen „Rhönaufbauplan" nicht ohne Wirkung blieb und viele Gemeinden mehrheitlich nationalsozialistisch wählten.

Wegen der wirtschaftlichen Not verdingten sich jedoch auch viele Rhöner als Arbeitskräfte in stärker industrialisierten Teilen des Reiches und brachten von dort sozialistisches und kommunistisches Gedankengut in die Heimat. So wurde das im Fuldatal gelegene Hettenhausen zu einer Insel des verhaltenen Widerstands gegen das Nazi-Regime. Noch lange nach Kriegsende war diese „rote" Enklave in der eher konservativen Rhön als **„Klein Moskau"** bekannt.
Dieser Track führt vom Ortskern Hettenhausens hinüber in das idyllische Gichenbachtal und von dort steil und ungeteert entlang der Grenze des Truppenübungsplatzes Wildflecken in den Aussichtsort Dalherda. Im Winter kann diese Auffahrt äußerst glatt werden. Für schwere Fahrzeuge ist diese gesperrt, aber auch Fahrer leichter Fahrzeuge sollten unter winterlichen Bedingungen äußerst vorausschauend fahren, da Gegenverkehr oft nicht bremsen kann.

Aktivitätstipp: Eisdiele „Die Eisheiligen" – ein lokales Start-up, das Eis aus 100% natürlichen Zutaten und starkem regionalen Bezug herstellt.

5 Klein Moskau

5.1 — 0.0

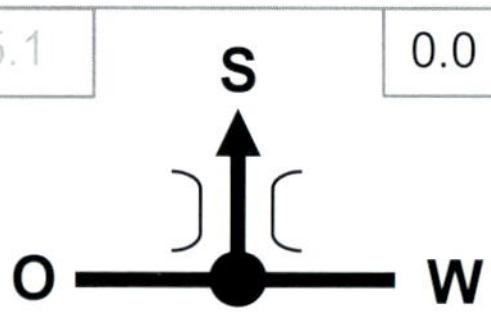

N 50 27 02
E 09 48 77

Start:
Richtung Gichenbach

5.2 — 0.5

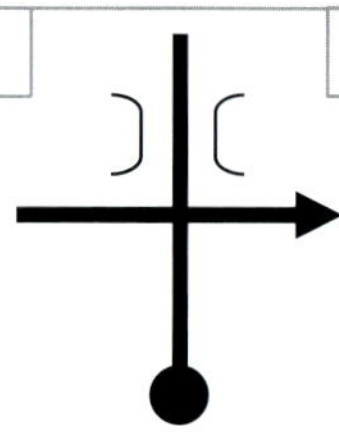

5.3 — 0.7

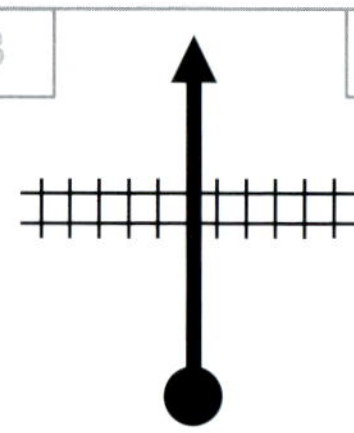

Bahnübergang

5.4 — 2.2

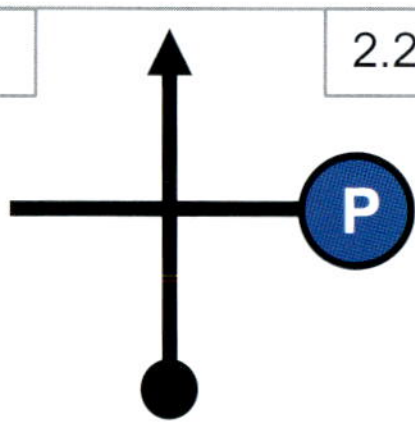

Wanderparkplatz

5.5 — 2.6

Ortseingang
Gichenbach

5.6 — 2.9

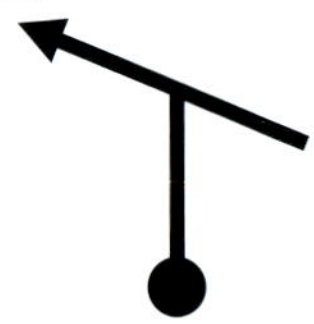

5.7 — 3.0

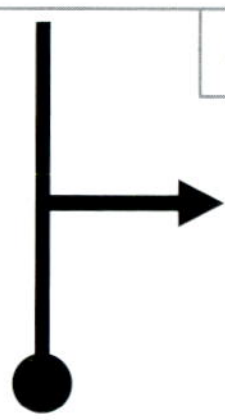

5.8 — 3.1

5.9 — 3.5

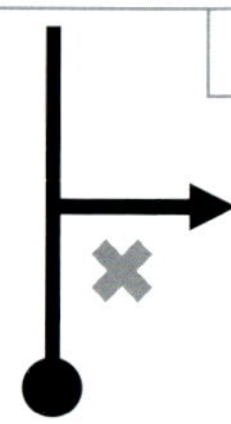

Durchfahrtverbot LKW
und Busse

Klein Moskau 5

5.10 | 3.7

SCHOTTER, Anstieg

5.11 | 5.4

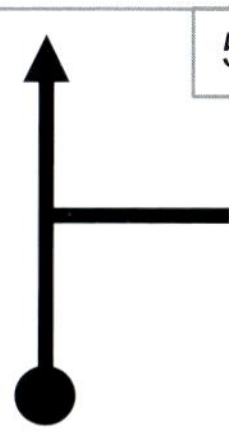

5.12 | 5.4

Ortseingang Dalherda
TEER

5.13 | 5.7

5.14 | 5.8

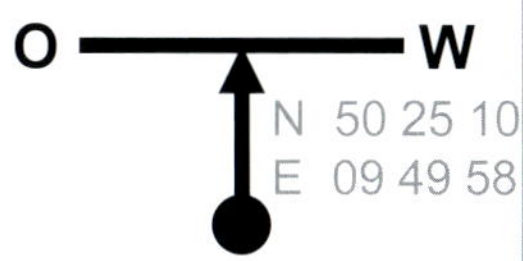

Ende

6 Urspringer Weg

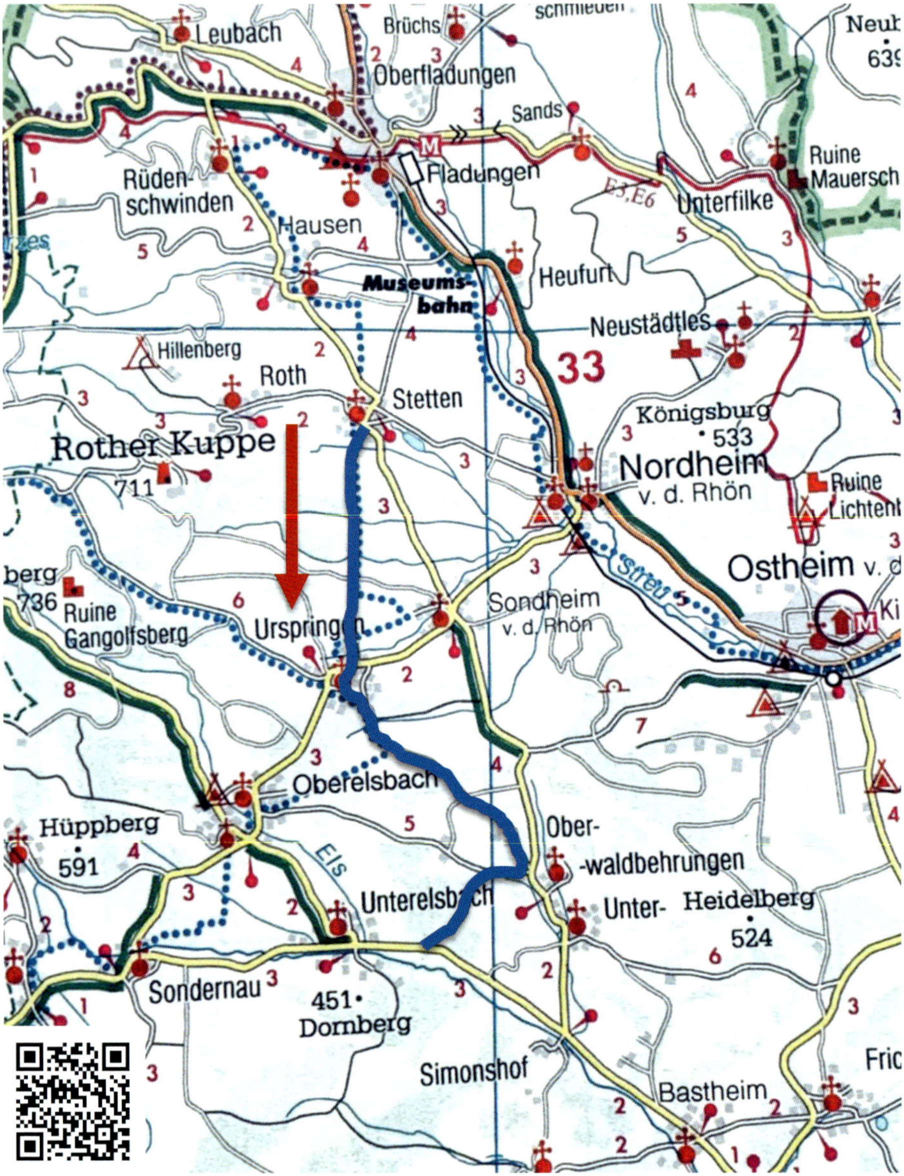

6

In einer zugewucherten Grube in der zweiten Hälfte dieses Tracks liegt das Wrack eines Autos, das einmal Bernhard Grzimek gehört haben soll. Wie dieses Gefährt des Schöpfers des legendären Dokumentarfilms: „Die Serengeti darf nicht sterben“ ausgerechnet in dieser friedlichen Ebene landete, ist uns nicht bekannt. Vielleicht gibt es ja Parallelen zwischen diesen beiden ikonischen Landstrichen?

Ebenso wie die Serengeti zum Stereotyp für Afrika steht, könnte diese weite, hügelige Landschaft mit ihren mittelalterlich geprägten Ortschaften international für eine stereotype Deutschlandidylle mit Fachwerk, Brauereien und Heile-Welt-Flair stehen. Und das ist sowohl bei der Serengeti als auch im Norden Frankens gut so. Dieser Track fungiert als meist ungeteerte Ortsverbindung des Weilers Urspringen zu seinen Nachbargemeinden. Aufmerksame Beobachter entdecken in den Ortskernen Spuren aus den vergangenen Jahrhunderten – das nahe dem Track gelegene Ostheim wird gerne als „das fränkische Rothenburg“ bezeichnet.

Auch auf der Fahrt auf den einspurigen Verbindungswegen spielt es scheinbar keine Rolle, ob gerade 1870, 1920, 1950 oder 2020 ist, es verbreitet sich das Gefühl zeitlosen Überlandreisens. Beinahe in jedem Örtchen gibt es in der Mitte einen Gasthof, der nicht nur wohlschmeckende Hausmannskost serviert, sondern auch noch immer ein Zentrum des sozialen Miteinanders ist. Wie bei einem guten Gamedrive lohnt jedoch auch bei Reisen durch die weiten fränkischen Ebenen nicht nur ein Stopp an diesen Wasserlöchern, sondern auch die Aufmerksamkeit für Entdeckungen auf dem Track.

Aktivtätentipp: Schlendern durch die mittelalterliche Innenstadt von Ostheim.

6 Urspringer Weg

6.1 | 0.0

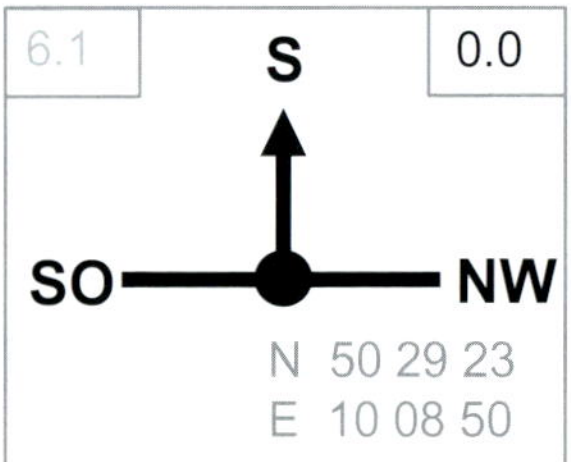

Start:
Auf *Urspringer Weg*

6.2 | 0.2

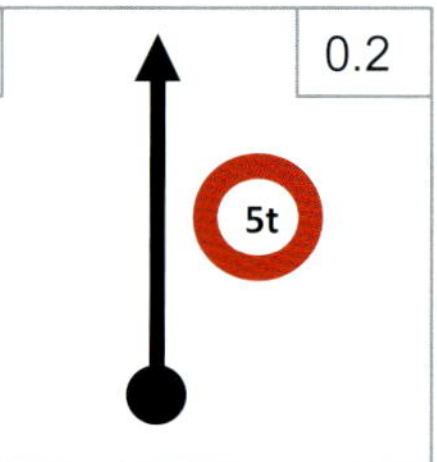

Auf PLATTENWEG
und SCHOTTER
5t Achslast

6.3 | 3.3

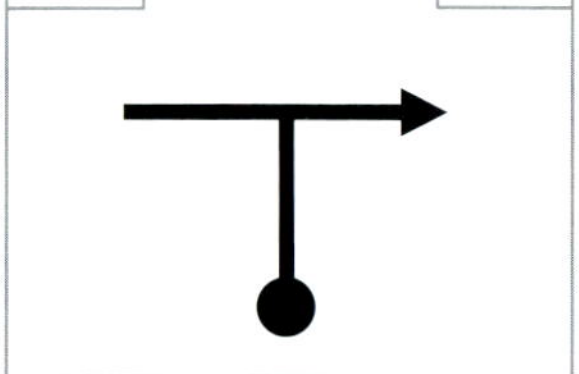

In Ort Urspringen auf
Hauptstraße
TEER

6.4 | 3.5

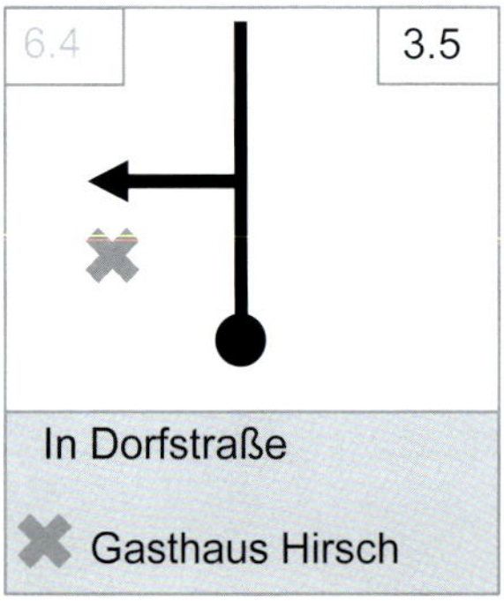

In Dorfstraße

✖ Gasthaus Hirsch

6.5 | 3.6

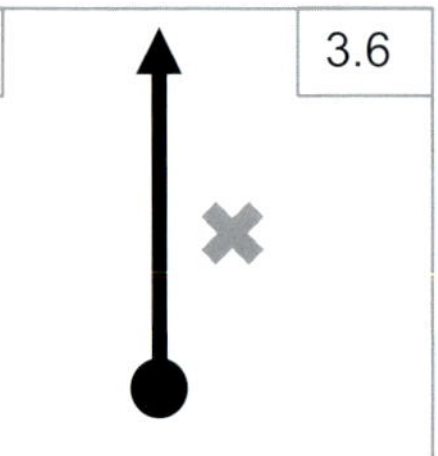

✖ Picknick und Quelle

6.6 | 3.7

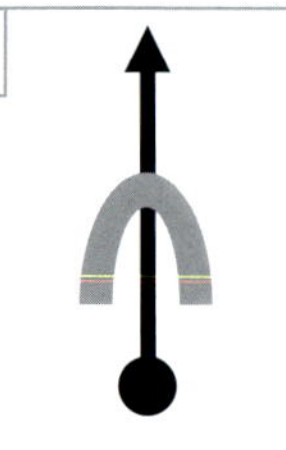

Tor
Höhenbegrenzung
2,7 m

6.7 | 4.1

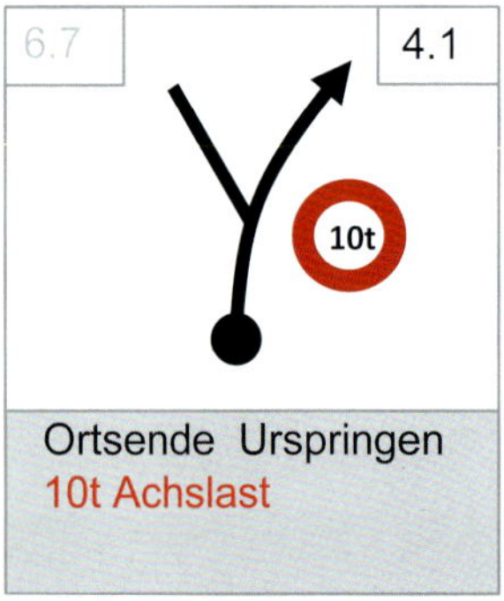

Ortsende Urspringen
10t Achslast

6.8 | 4.5

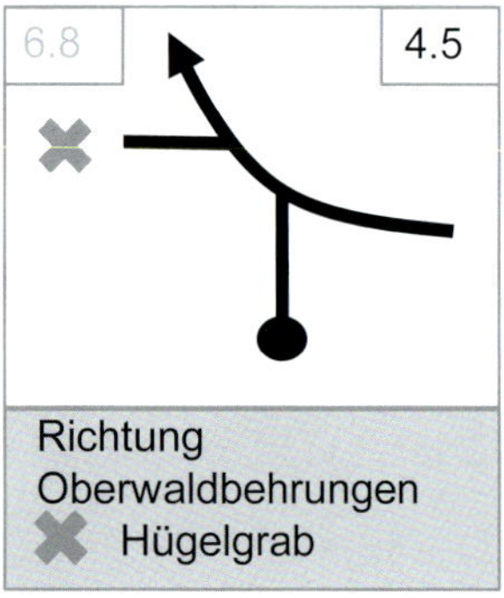

Richtung
Oberwaldbehrungen
✖ Hügelgrab

6.9 | 5.6

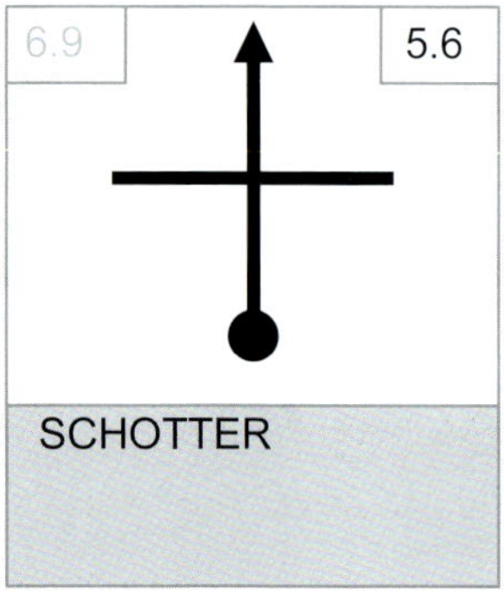

SCHOTTER

Urspringer Weg 6

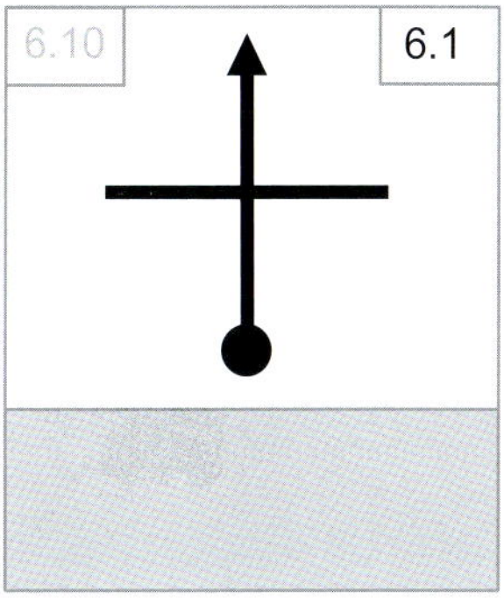

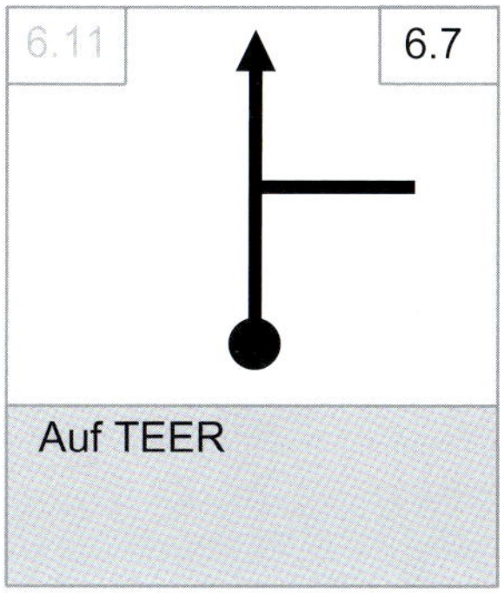

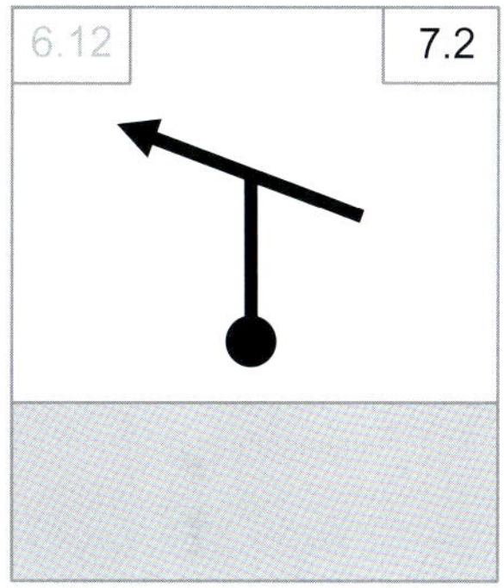

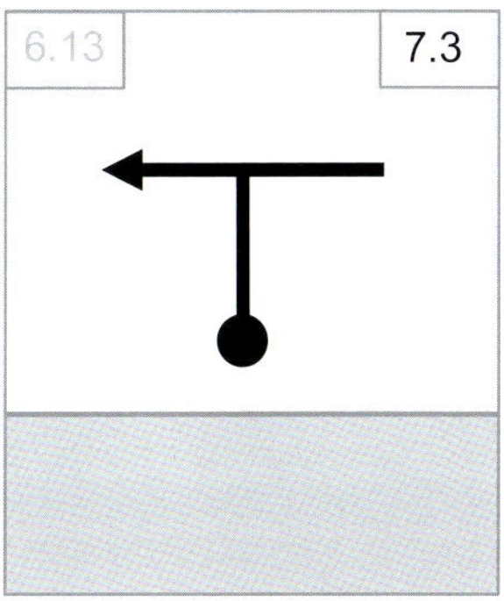

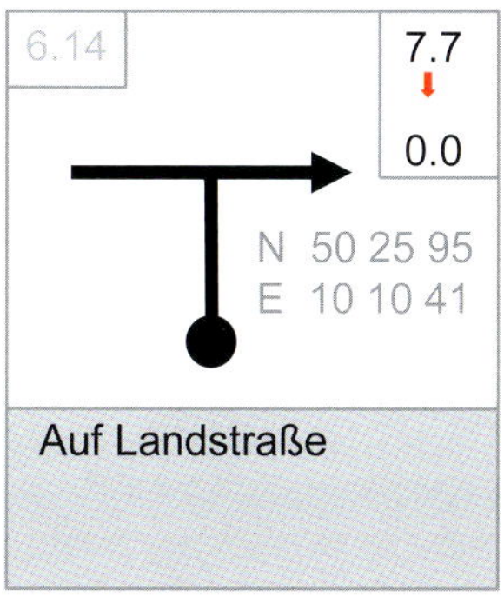

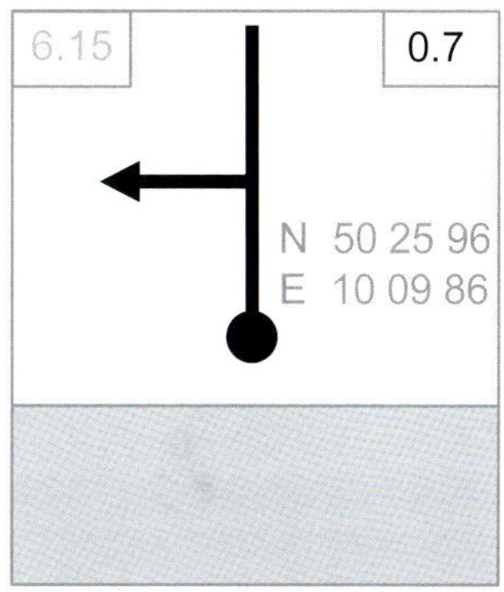

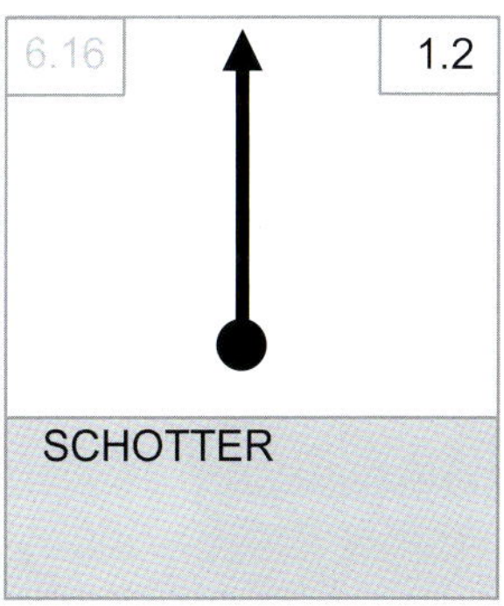

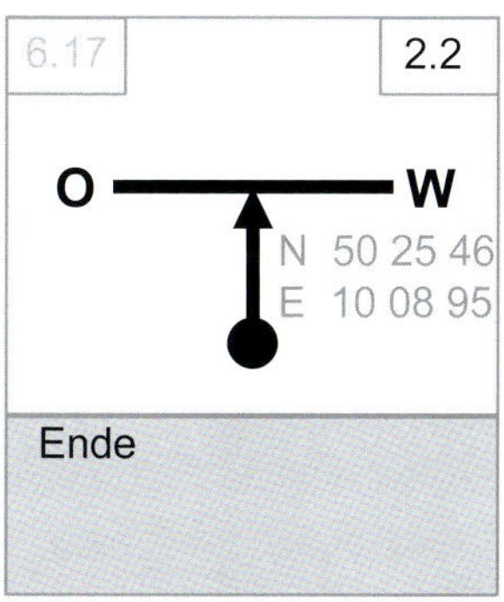

7 Schwarze Berge

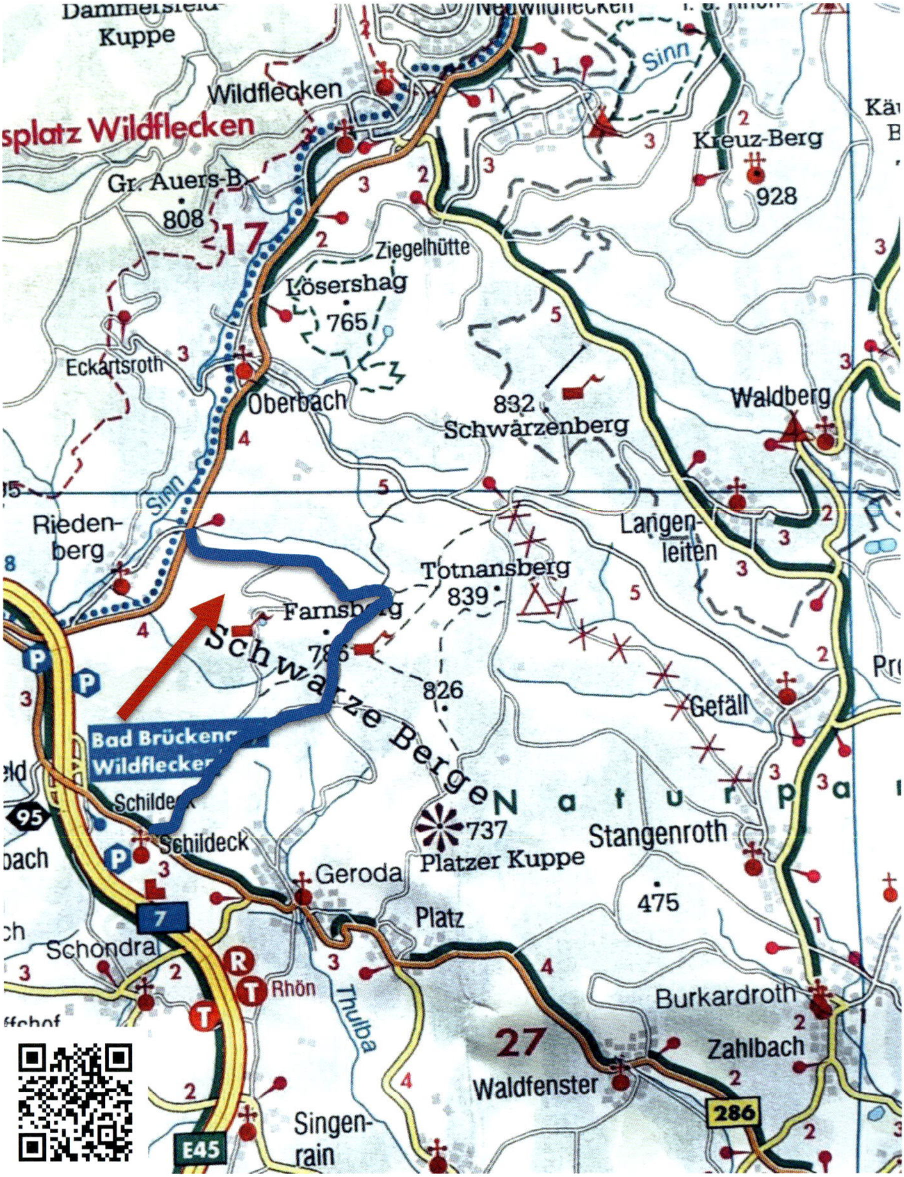

7

Länge: 8,9 km
Dauer: 30 min
Orientierung: 2
Winterbedingungen: 3

Die Rhön wird auch das Land der offenen Fernen genannt. Dieser Track erschließt auf schmalen Wegen eine der aussichtsreichen Regionen der Rhön – die schwarzen Berge. Wegen der abwechslungsreichen Landschaft und außergewöhnlichen Artenvielfalt ist dies, etwas überraschend, tatsächlich das größte nicht alpine bayrische Naturschutzgebiet.

Gleich vom Start gewinnt der Track an Höhe und schon bald bietet sich eine weite Aussicht nach Süden und Westen. Frankreichliebhaber werden sich an Strecken über die Hochebenen von Tarn und Ardèche erinnern – fernab der Zivilisation führt das schmale Sträßchen über weite Flächen und durch einzelne Baumgruppen.

Bei Kilometer 1,8 führt ein Fahrweg geradeaus weiter zum Gasthof Berghaus und dem See „Teufels Tintenfass". Wer diese Variante wählt erreicht die von uns beschriebene Strecke wieder bei Kilometer 7,1. Unser Track quert den Parkplatz der Berghütte „Würzburger Haus", dieses ist mit einem 200 m Spaziergang erreichbar. Von dessen Biergarten hat man einen großartigen Fernblick zur Hochrhön und in den Thüringer Wald. Auch wenn der Track leider durchgängig geteert ist, ist dies ein sehr lohnender Abstecher. Auf den schön gelegenen Parkplätzen lässt sich auch die Fahrtüchtigkeit nach einem Berghüttenbesuch angemessen wieder herstellen.

Aktivitätentipp: Rundwanderweg Nr. 6 „Schwarze Berge".

7 Schwarze Berge

7.1 — 0.0

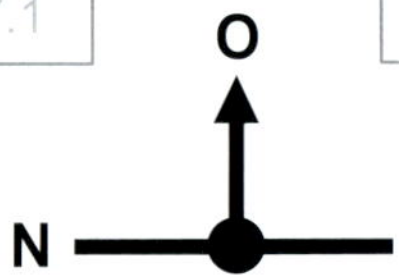

N 50 17 35
E 09 51 96

Start:
Richtung Würzburger Karl-Staub-Haus

7.2 — 0.8

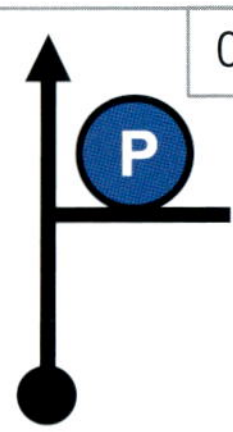

7.3 — 1.8

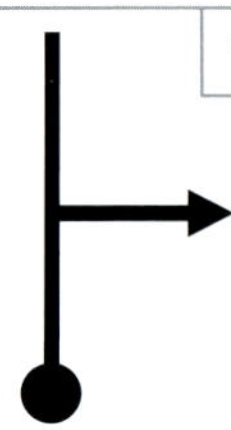

Richtung Karl-Staub-Haus

7.4 — 3.2

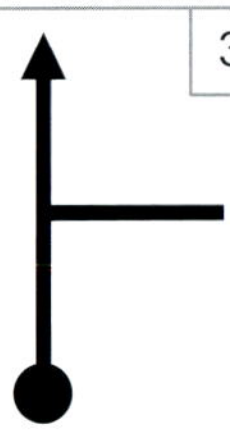

7.5 — 3.4

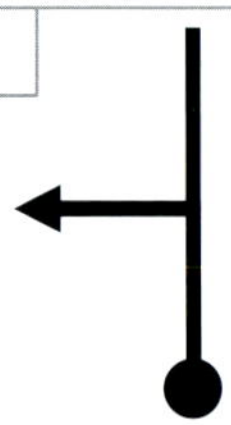

7.6 — 4.2

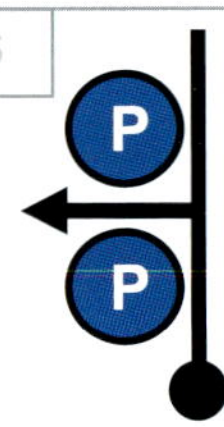

Über den Parkplatz (Gerade: Fußweg zum K-S-Haus)

7.7 — 5.4

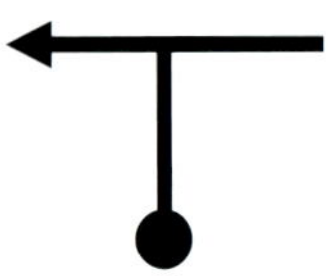

7.8 — 7.1

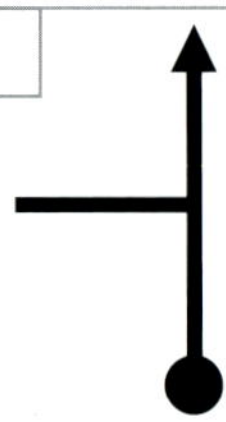

7.9 — 8.5

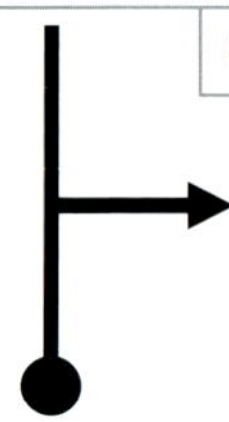

Schwarze Berge 7

7.10 | 8.9

S — N

N 50 19 60
E 09 52 31

Ende

8 Geyersnechst

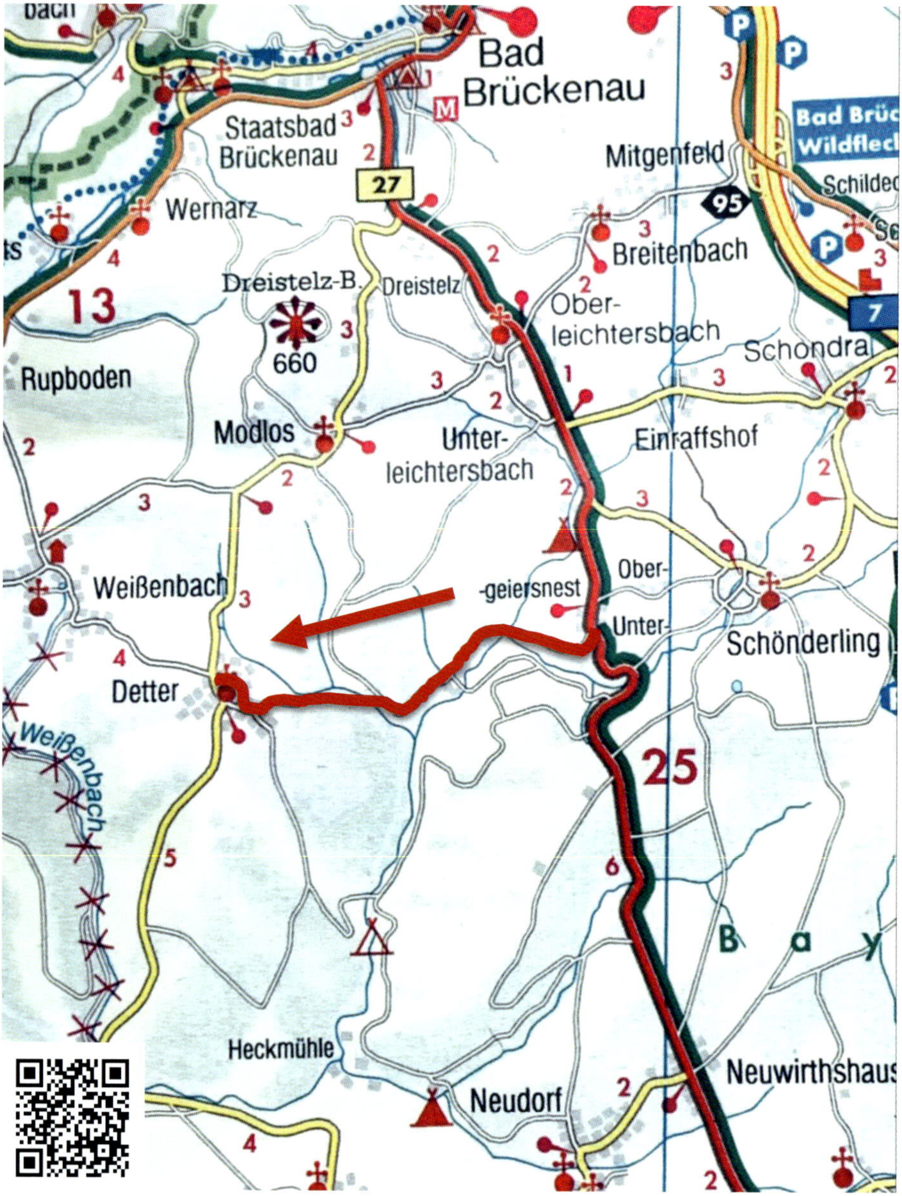

8

Zugegeben – wir konnten bei der Namensgebung für diesen Track einfach nicht widerstehen – der Ortsname „Geiersnest“ war zu verlockend.

Vor mehreren Jahrhunderten als letzte Raststation vor dem großen Waldgebiet im Süden entstanden, ist dieser einsame Weiler auch für diesen Track der Startpunkt.
Die Route folgt meist ungeteert den jahrhundertealten Verbindungen zwischen den kleinen Ansiedlungen in dieser einsamen Gegend. Immer noch führt der Weg durch den Norden eines großen, ursprünglichen Waldgebietes.

Der traditionelle Verlauf entlang von Bachtälern versetzt zurück in das Unterwegssein von vor mehreren hundert Jahren, als man in dieser Region auf der Hut vor Räubern und anderem Unbill sein musste. Heute erfreut der Track durch seine schöne, der Landschaft angepasste Streckenführung und abwechslungsreiche Eindrücke.

8 Geyersnechst

8.1 | 0.0

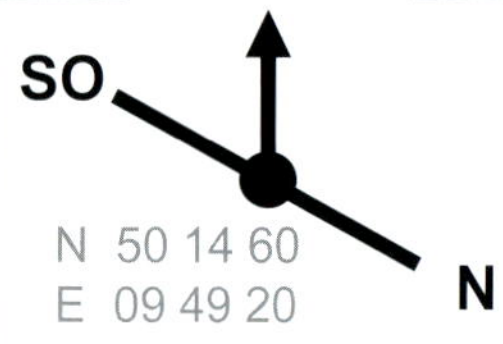

Start: In
Untergeiersnest
Ri.: Münchau

8.2 | 2.2

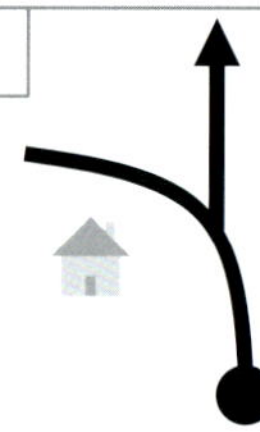

SCHOTTER

8.3 | 3.2

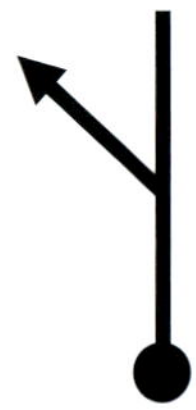

8.4 | 3.4

8.5 | 4.5

8.6 | 4.9

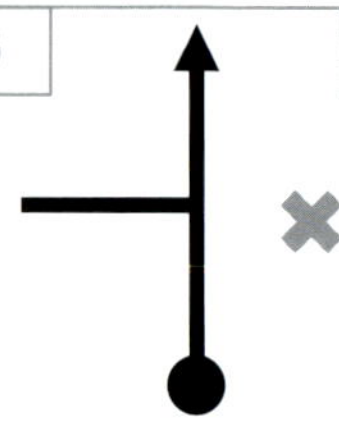

Wildgehege

8.7 | 5.1

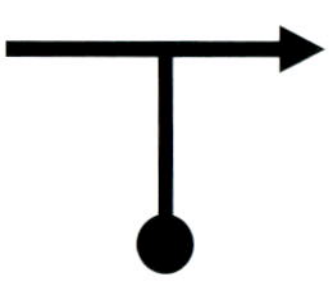

In Detter
Auf Ringstraße
TEER

8.8 | 5.5

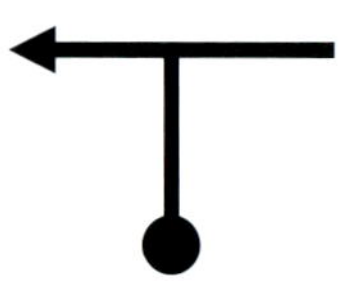

8.9 | 5.6

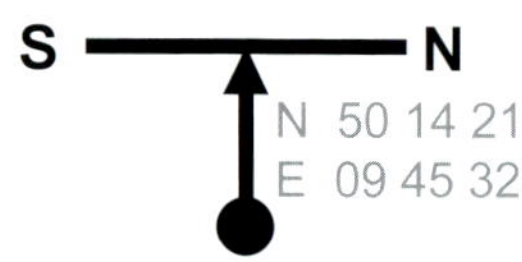

Ende

9 Hopfenleite

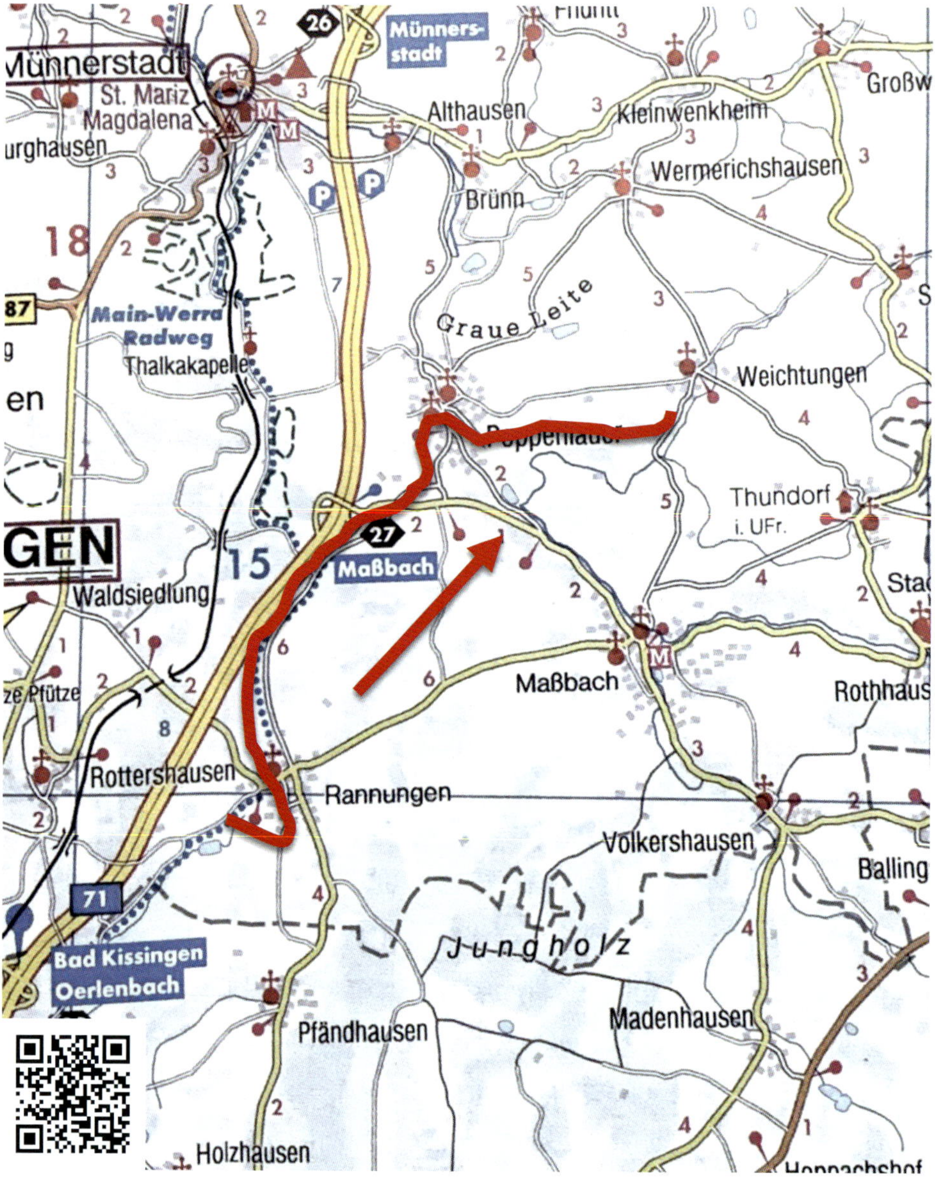

9

„Das grüne Gold Bayerns“, „die bayrischste aller Pflanzen“ – ganz sicher wäre Bayern ohne Hopfen nicht das, was es heute ist. Und dies nicht nur wegen der heimischen Bierproduktion. Bis im vorletzten Jahrhundert wurde bayernweit Hopfen angebaut, im letzten Jahrhundert entwickelte sich Hopfen zu einem internationalen Exportprodukt und der Reichtum der großen Hopfenbauern führte, sozusagen als Folge dieses Goldrauschs, auch zur allgemeinen Entwicklung Bayerns.

Heute konzentriert sich der Hopfenanbau in der Hallertau weiter im Süden und macht diese zum größten Hopfenanbaugebiet der Welt. Ob der Name dieses Tracks seinen Ursprung im Hopfenanbau in der Region oder von einer Handelsstraße bekam auf der Hopfen transportiert wurde, ist uns nicht bekannt.
Jedenfalls folgt dieser recht lange Track einer sicherlich schon älteren Trasse entlang eines Höhenrückens auf wechselndem Untergrund. Bei Nässe ist für die Passage bei Kilometer 4.1 Allradantrieb notwendig, eventuell kann dieser Anstieg über den nach rechts abzweigenden Weg umfahren werden.

Aktivitätentipp: Erkundungswanderung über den aufgelassenen Truppenübungsplatz ein paar Kilometer östlich dieses Tracks.

9 Hopfenleite

9.1 | 0.0

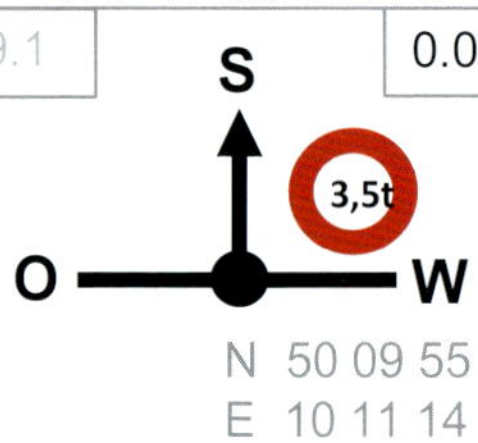

Start:
SW von Rannungen

9.2 | 0.1

SCHOTTER

9.3 | 0.2

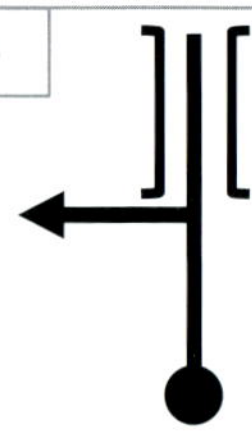

9.4 | 0.9

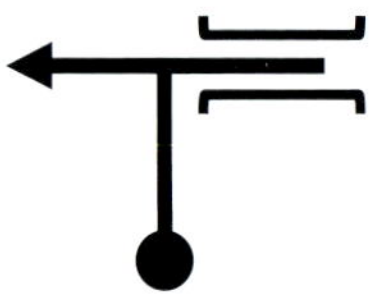

BETON

9.5 | 1.3

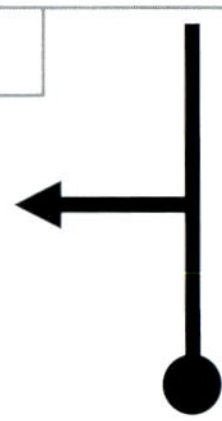

9.6 | 1.5

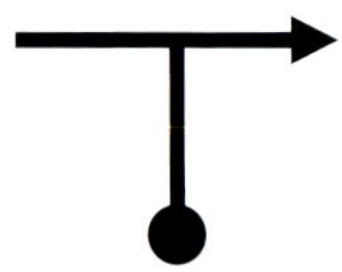

9.7 | 1.9

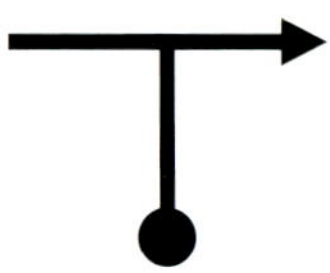

Im Ort

9.8 | 2.3

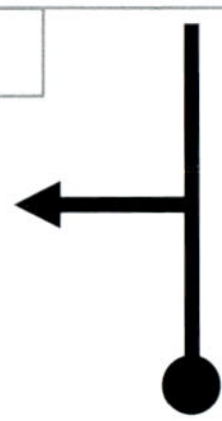

Richtung Poppenlauer

9.9 | 2.8

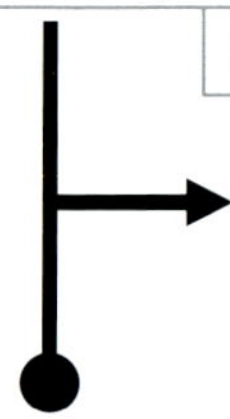

Hopfenleite 9

9.10 — 3.7

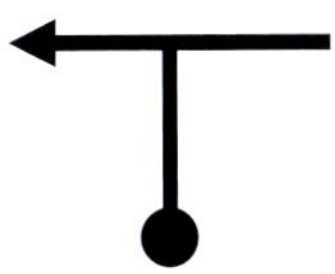

9.11 — 4.1

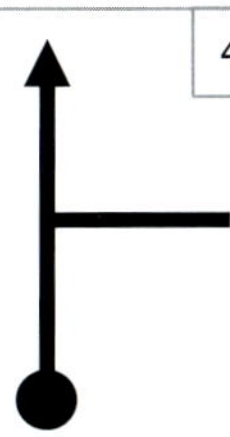

NATURWEG
Anstieg evtl. Rechts umfahrbar

9.12 — 4.4

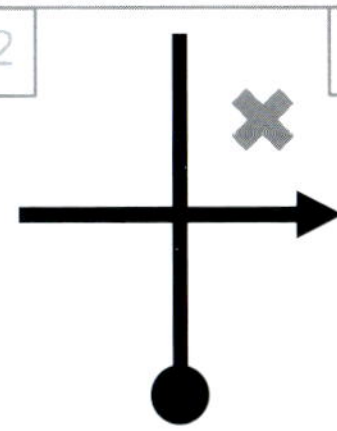

Bank und Kreuz
SCHOTTER

9.13 — 5.1

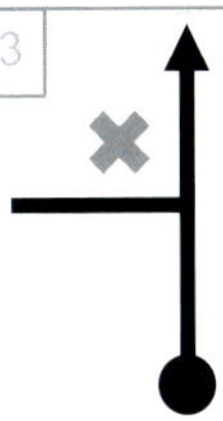

Windrad

9.14 — 6.3

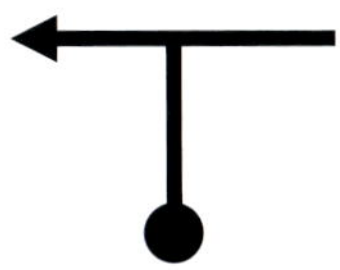

Evtl. Einmündung
Umfahrung

9.15 — 6.4

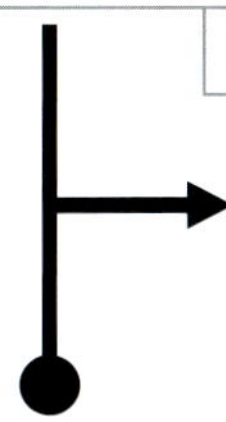

9.16 — 7.1

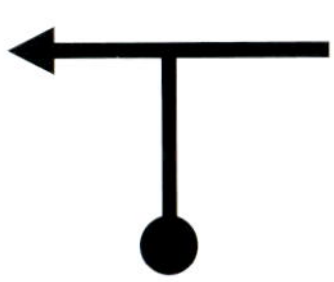

9.17 — 7.5

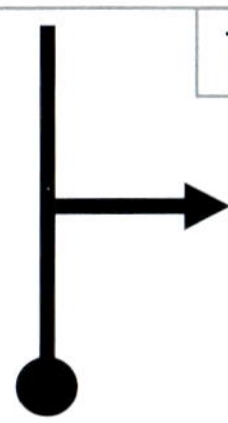

9.18 — 7.8

9 Hopfenleite

9.19 | 8.2

9.20 | 8.8

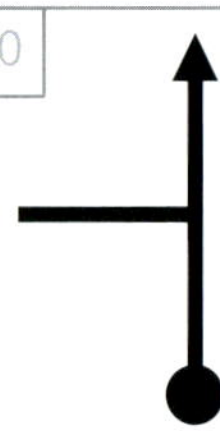

Ortseingang
Poppenlauer
TEER

9.21 | 9.0 ⬇ 0.0

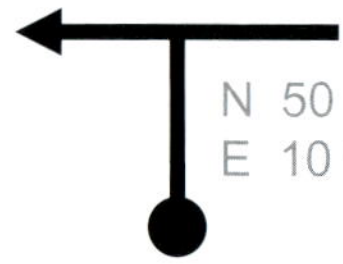

N 50 12 45
E 10 14 43

9.22 | 0.2

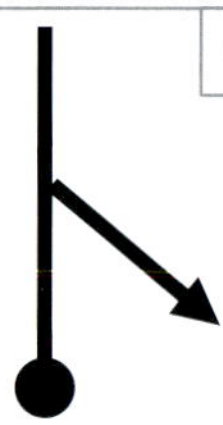

9.23 | 0.3

9.24 | 0.4

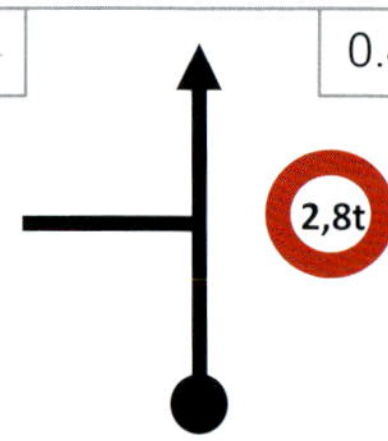

Begrenzung auf 2.8t

9.25 | 0.7

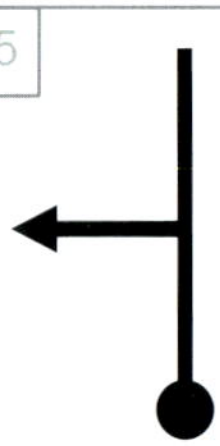

SCHOTTER

9.26 | 0.9

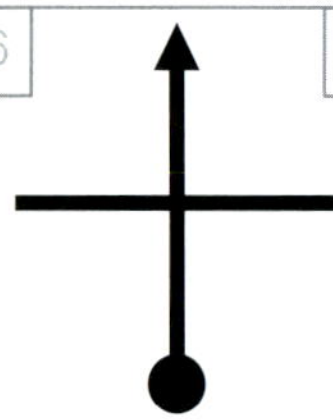

9.27 | 1.2

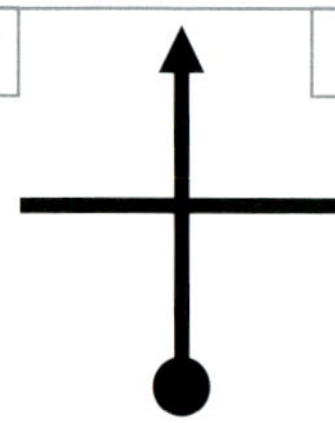

Hopfenleite 9

9.28	2.6

Gerade in Hohlweg
(Links zur Straße)

9.29	3.0

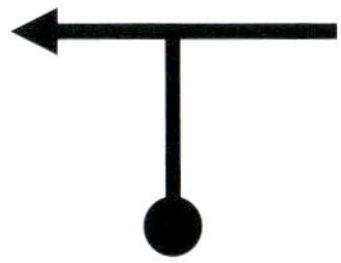

9.30	3.2

TEER

9.31	4.0

N 50 12 83
E 10 17 06

Ende: bei Ort
Weichtungen

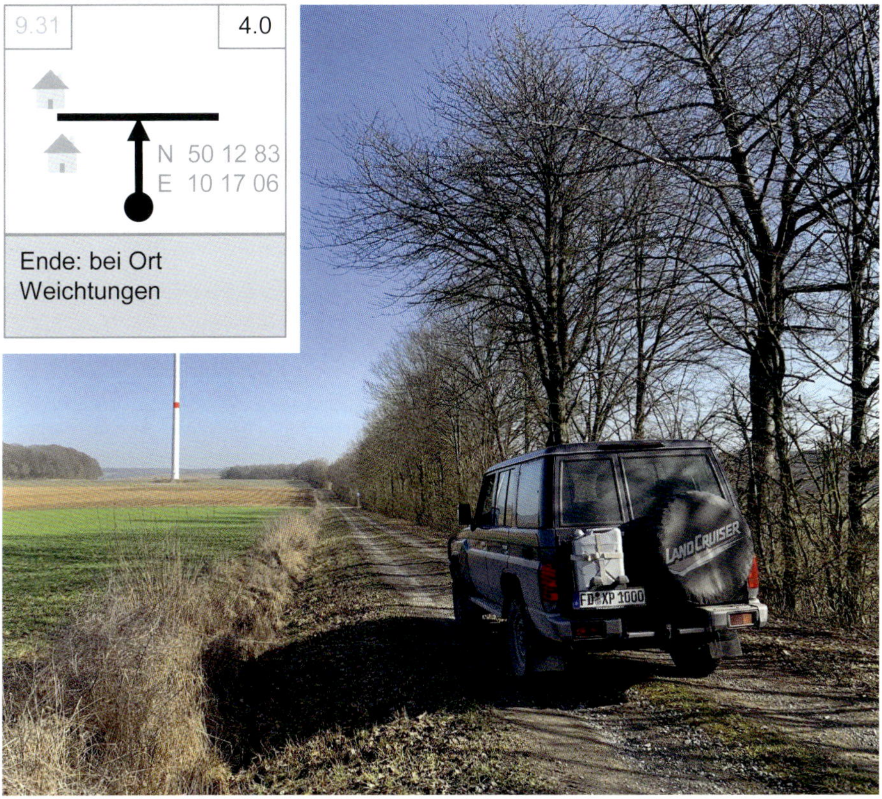

10 Strecke 46 nord

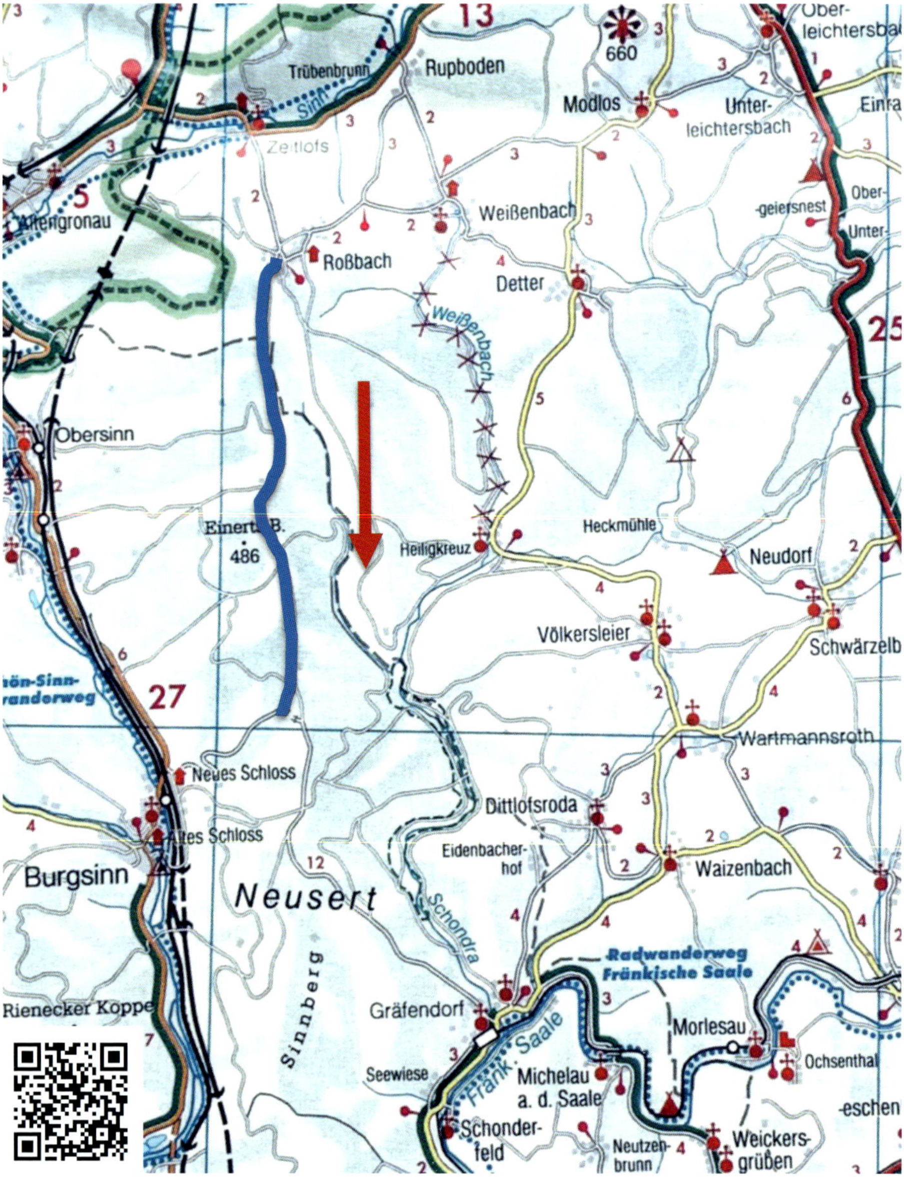

10

Obwohl nach dem 1. Weltkrieg nur ein Kraftwagen auf mehr als 100 Personen kam (heute ca. 1 Auto auf 2 Personen), erwies sich das vorhandene Straßennetz als ungeeignet. Von idealistischen privaten Vereinen wurden spezielle für den Autoverkehr geeignete Überlandstrecken geplant und schon am Ende der Weimarer Republik lagen konkrete Pläne vor.

Die Idee wurde im Dritten Reich aufgegriffen, propagandistisch inszeniert und ein rund 20.000 Kilometer langes Fernstraßennetz geplant. In großem Stil wurde an mehreren Projekten parallel gearbeitet – so auch an der Strecke 46 die von Bad Hersfeld bis nach Würzburg durch die Rhön führen sollte. Besonderen Wert wurde bei der Streckenplanung auf einen harmonischen Verlauf in der Landschaft gelegt. Der Beginn des 2. Weltkriegs führte nach kurzer Zeit zur Einstellung der Arbeiten an der in großen Teilen schon fertig gestellten Trasse. Heute sind hiervon noch 47 Bauwerke wie Kanäle und Brücken erhalten, die heutige A 7 nördlich von Fulda verläuft auf der historischen Trasse.

Unser Track verläuft auf einem Schotterweg entlang der Trasse eines Teilstücks weiter im Süden und bietet mit vereinzelten Überresten der Strecke 46 den leichten Lost-Place-Schauder der längsten Bauruine Deutschlands.

10 Strecke 46 nord

10.1 — 0.0

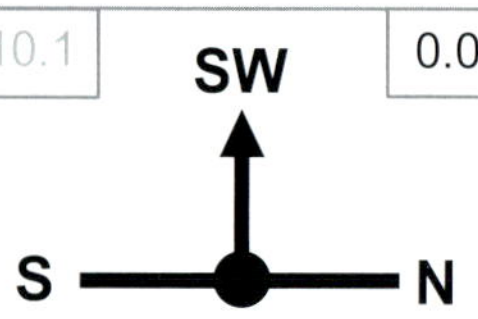

N 50 14 48
E 09 40 88

Start:
Richtung Gräfendorf

10.2 — 0.1

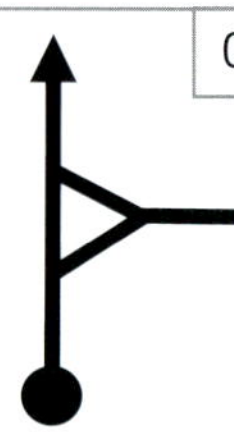

10.3 — 0.3

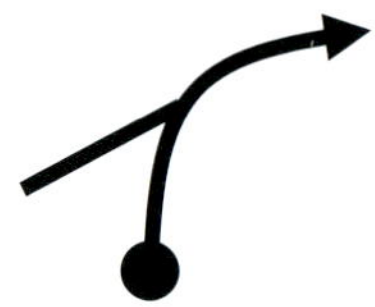

10.4 — 0.4

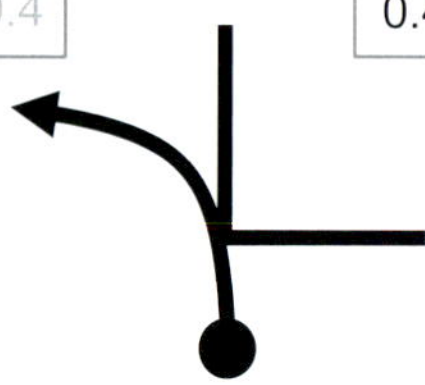

Ausgang Rossbach
Start SCHOTTER

10.5 — 0.9

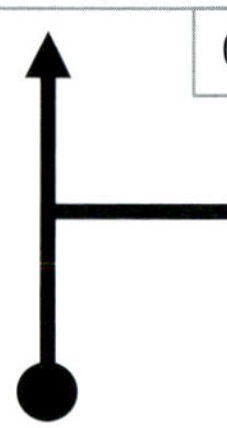

10.6 — 1.7

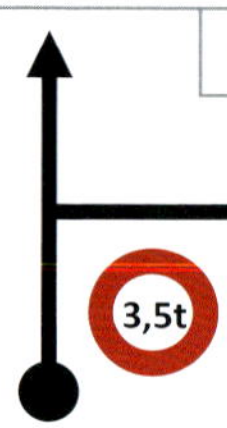

10.7 — 2.1

10.8 — 2.3

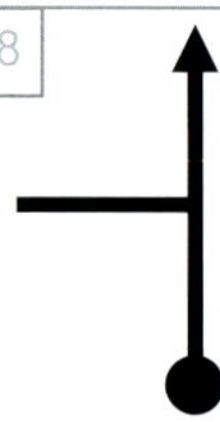

10.9 — 3.0

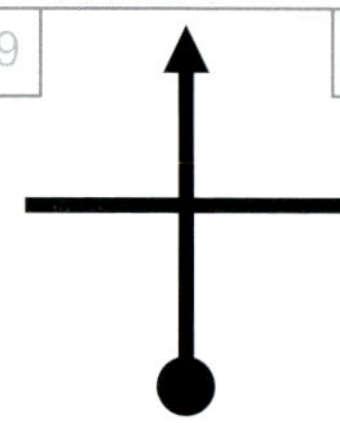

Strecke 46 nord

10

10.10 | 4.4

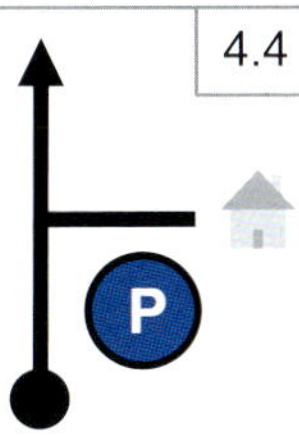

10.11 | 4.9

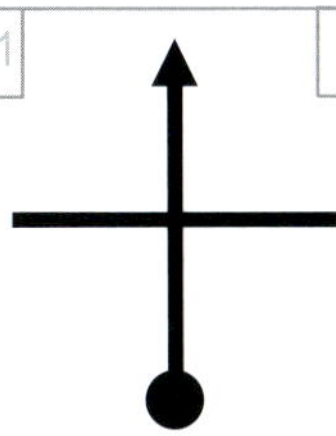

10.12 | 5.7

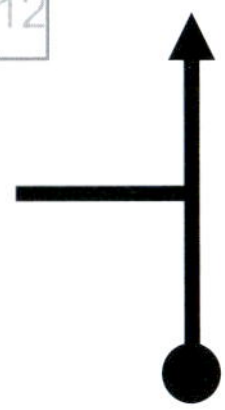

10.13 | 7.8

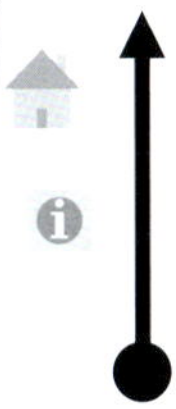

BW 81, Info
vergessene Autobahn
Bettlersruth

10.14 | 8.1

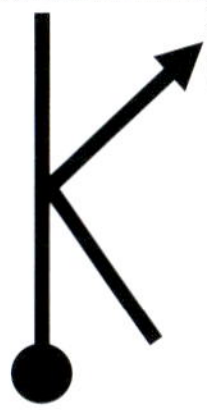

10.15 | 8.6

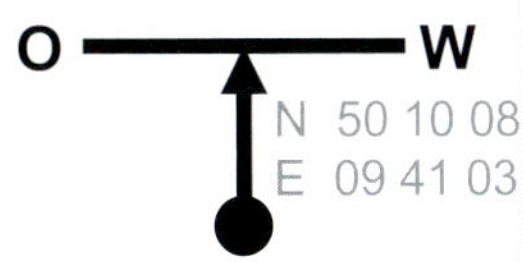

Ende
(Rechts: Burgsinn
Links: Grafendorf)

11 Strecke 46 süd

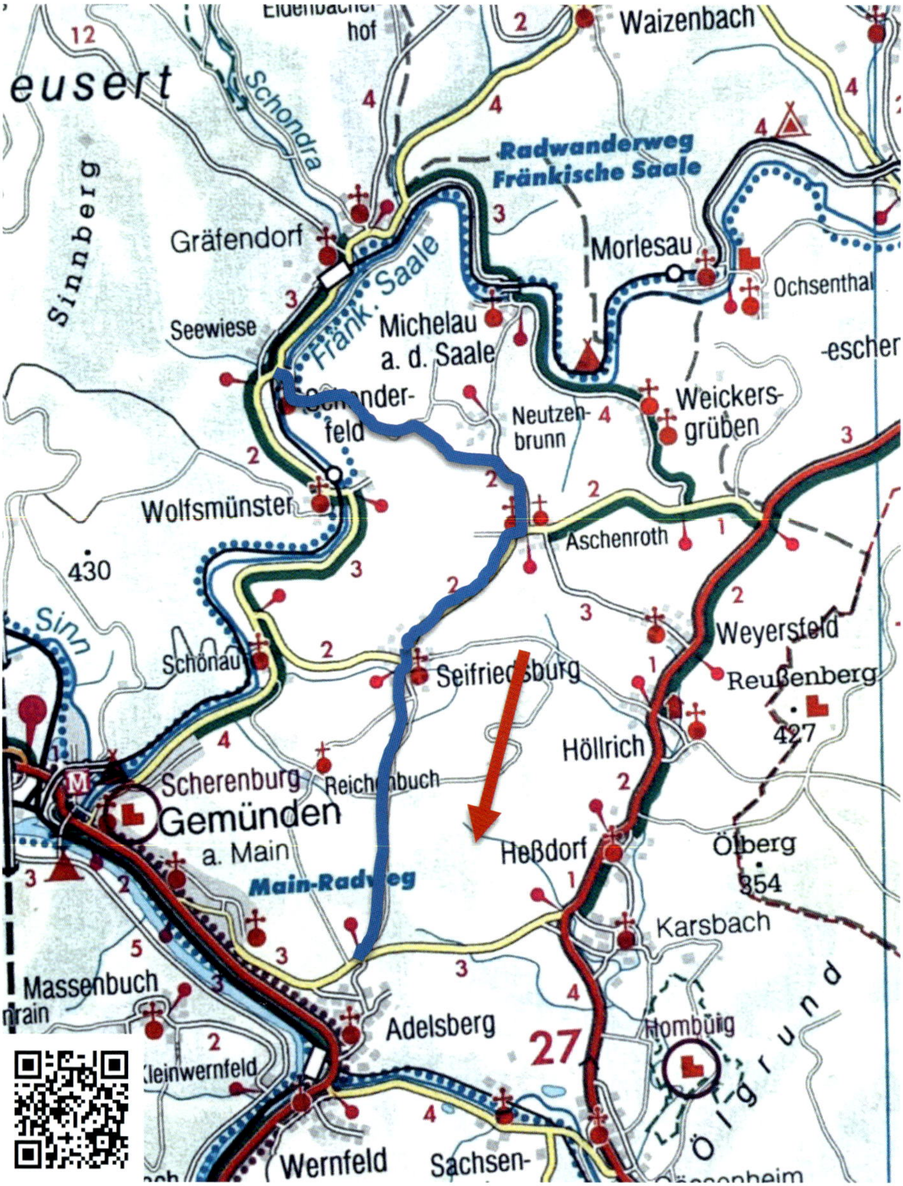

11

Viele Besucher des lieblichen Saaletales haben sich schon über den scheinbar unmotiviert im Saaletal stehenden Brückenpfeiler gewundert. Er ist Teil der Strecke 46 (mehr Infos hierzu bei Track 10). An dieser Stelle sollte einmal das Saaletal von einer Autobahn überspannt werden.

Dieser Track ist nach einer kurzen Lücke zunächst die Fortsetzung einer Fahrt auf den Spuren der Strecke 46 südlich der Saale. Besonders kurios ist sicherlich die einsam in der Landschaft stehende, schon fertig gestellte Autobahnbrücke ohne weiteren Anschluss. Jedoch lohnt die Fahrt nicht nur für historisch Interessierte, die letzten Kilometer im Süden des Tracks verlaufen kurzweilig auf einer einsamen Ortsverbindung mit Schotterbelag.

Aktivitätentipp: Kanu-Tour auf der Saale.

11 Strecke 46 süd

11.1 — 0.0

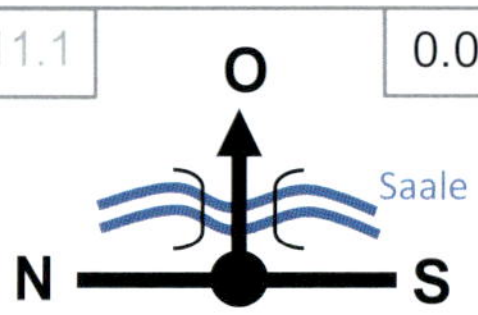

N 50 06 47
E 09 43 46

Start:
In Ort Schonderfeld

11.2 — 0.2

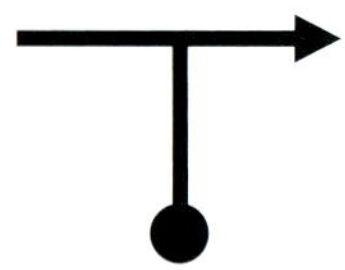

Ri: Wolfsmünster

11.3 — 0.4

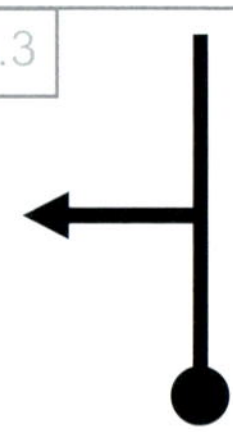

11.4 — 1.0

Unter Brücke
vergessene Autobahn

11.5 — 2.5

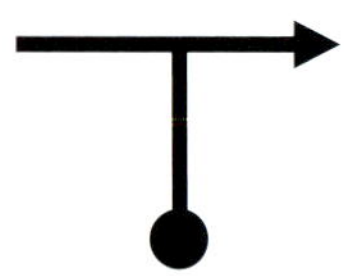

11.6 — 3.0

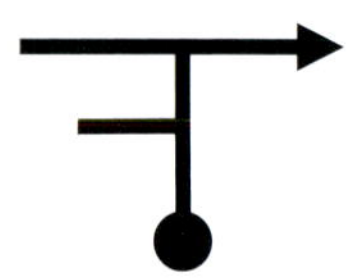

11.7 — 3.9

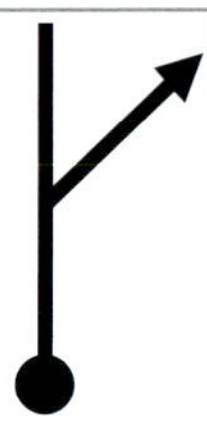

In Ort Neutzenbrunn

11.8 — 4.0

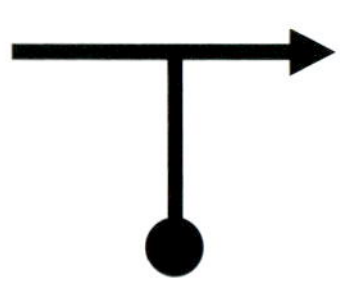

11.9 — 5.5

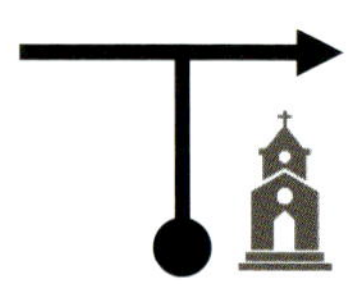

In Ort Aschenroth

Strecke 46 süd 11

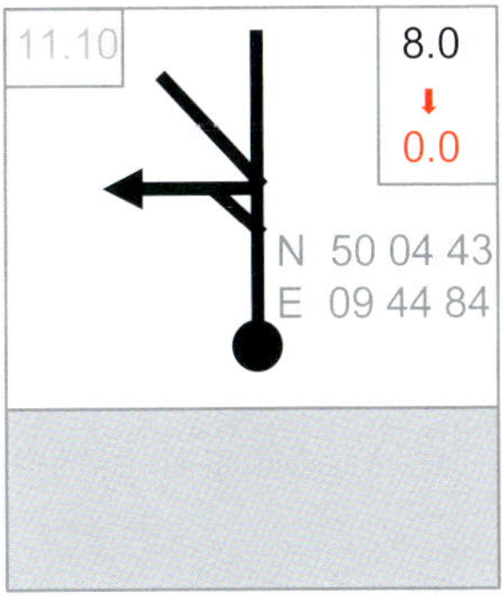

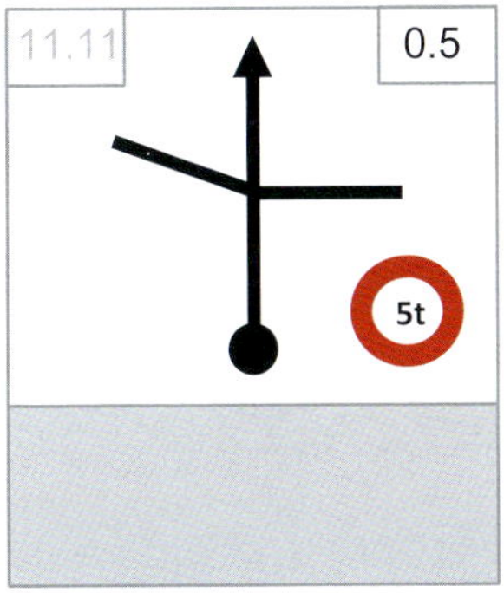

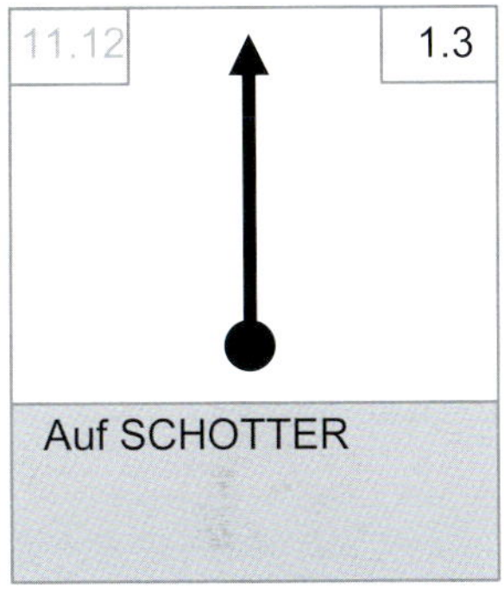

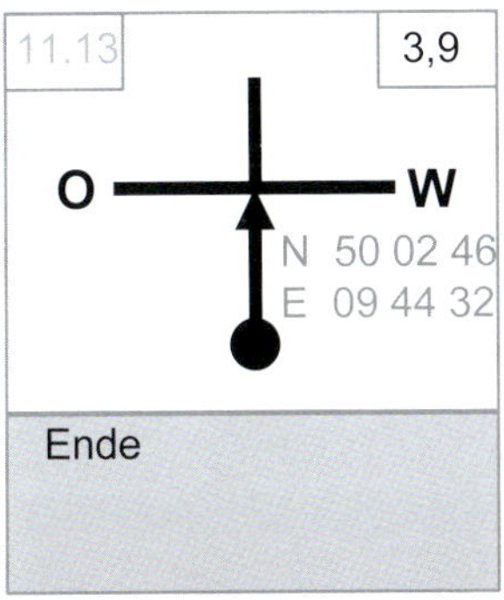

12 Mittelpunkte

12

Länge: 90,8 km
Dauer: 2 h 15 min
Orientierung: 2
Winterbedingungen: 1

Auf unserer Welt gibt es viele Orte, die wegen Ihrer überwältigenden Schönheit Reisende anlocken und begeistern. Grand Canyon, der Gletscher Perrito Moreno oder Ayers Rock – hier klappt dem Besucher unwillkürlich die Kinnlade herunter. Auf der anderen Seite gibt es Orte, die, obwohl ihnen eindeutig der Kinnladeneffekt fehlt, trotzdem viel besucht werden. Während der Äquator oder der Nordpol noch durch eine gewisse klimatische Exotik glänzen, entbehren die Mittelpunkte der EU jeglicher natürlicher Magie.

Ihre geografische Position ist ein Zufallsprodukt politischer Entscheidungen. Dies wird schon daran deutlich, dass der Ort des EU-Mittelpunktes in Abhängigkeit der Anzahl und Lage der jeweiligen Mitgliedsstaatenanzahl wandert. Immerhin war der letzte Mittelpunkt im Westerngrund so lange stabil, dass diesen eine kleine Anlage schmückt. Mit dem Brexit wanderte das EU-Zentrum ein ganzes Stück - knapp 65 km - nach Osten. Zwar braucht jede Expedition irgendwie einen Grund, jedoch ist bei den besten Expeditionen eigentlich der Weg das Ziel. Und so gibt dieser Track zwar vor, den alten und den neuen Mittelpunkt der EU zu verbinden, jedoch liegt der Reiz im Entdecken der abseits der regulären Routen gelegenen Landschaftsperlen des Spessart. Obwohl der Anteil an ungeteerten Abschnitten sehr gering ist, lässt sich auf den Nebenstrecken sehr gut nachvollziehen, warum Kenner den Spessart als eines der unterschätztesten Mittelgebirge Deutschlands bezeichnen. Am Ziel bei Gadheim begrüßt mittlerweile auch schon eine kleine Anlage zur Markierung der aktuellen Mittelposition.

Aktivtätentipp: Der Kahlgrund brennt: 12 Brennereien in diesem Teil des Spessart laden im Herbst zu einem berauschenden Kennenlernen ihrer Kunst ein.

12 Mittelpunkte

12.1 | 0.0

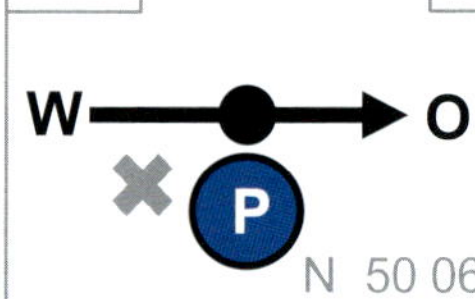

N 50 06 78
E 09 15 16

Start: Ehemaliger Mittelpunkt der EU Westengrund

12.2 | 2.0

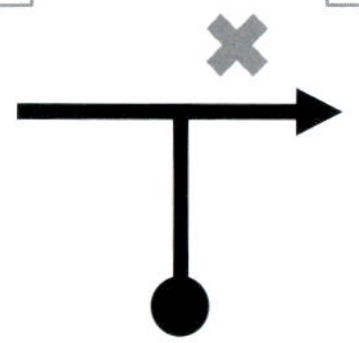

Schnapsbrennerei

12.3 | 2.3

Richtung Kleinkahl

12.4 | 2.4

12.5 | 2.5

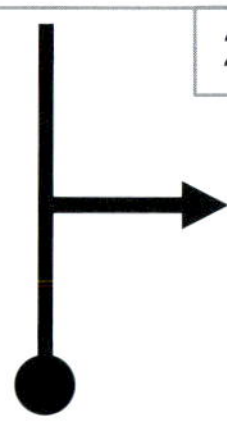

12.6 | 2.9

SCHOTTER

12.7 | 3.4

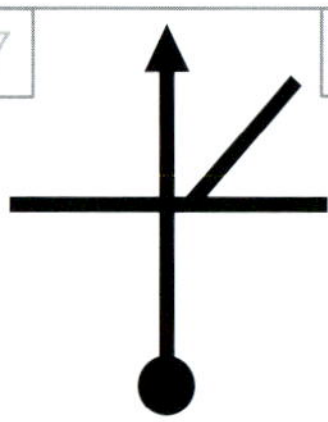

12.8 | 4.0

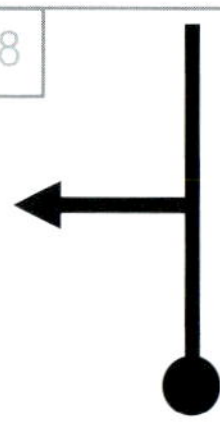

Ort Edelbach
TEER

12.9 | 4.2

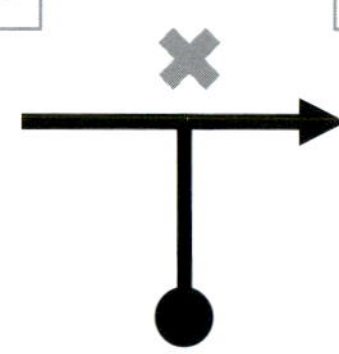

Bushaltestelle

Mittelpunkte 12

12.10 | 8.2

12.11 | 8.6

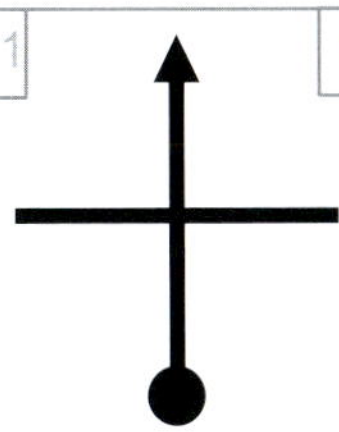

Richtung Heinrichsthal

12.12 | 10.4 ⬇ 0.0

N 50 04 26
E 09 20 65

Richtung Habichtsthal

12.13 | 5.3

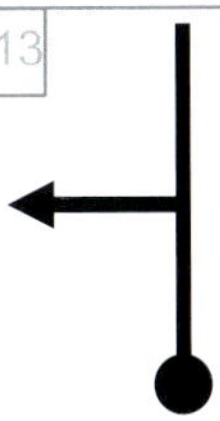

Richtung Frammersbach

12.14 | 11.4

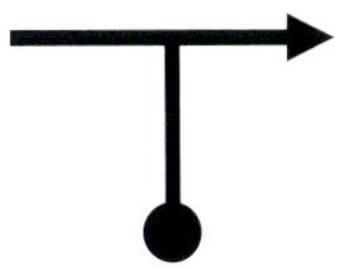

Richtung Frammersbach

12.15 | 14.5

12.16 | 14.6

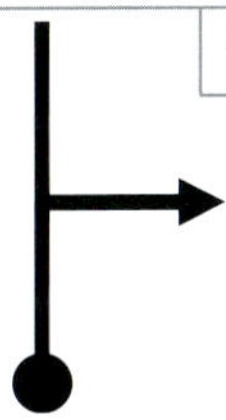

Richtung Lohr auf B276

12.17 | 25.9

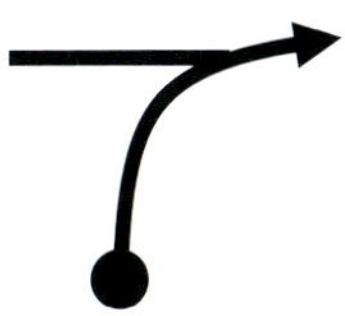

Richtung Marktheidenfeld

12.18 | 26.0

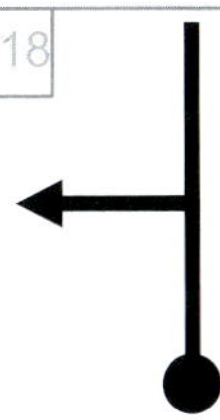

Richtung Marktheidenfeld

12 Mittelpunkte

12.19 — 27.1

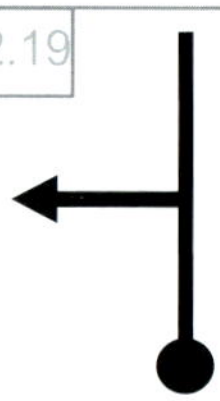

Richtung Marktheidenfeld

12.20 — 27.4

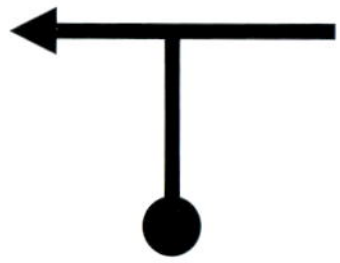

Richtung Karlstadt

12.21 — 27.9

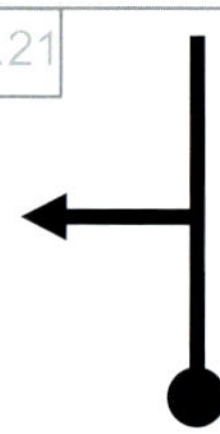

Richtung Altstadt

12.22 — 28.5

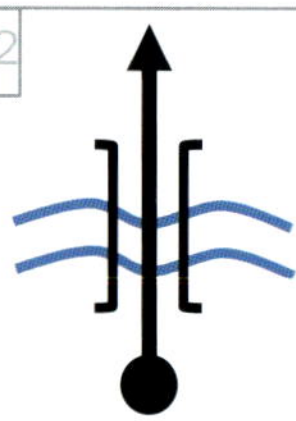

Main

12.23 — 28.8

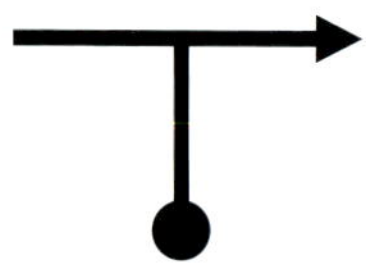

Richtung Steinfeld

12.24 — 29.0 ⬇ 0.0

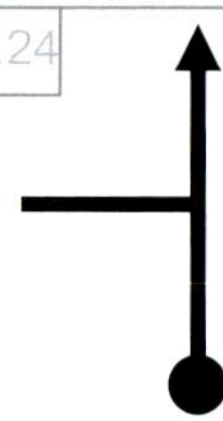

N 49 59 42
E 09 35 06

(Links Richtung Steinfeld)

12.25 — 7.0

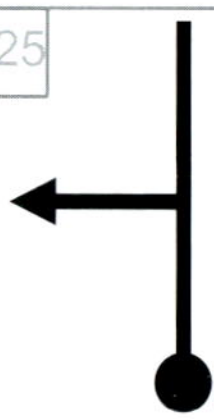

Richtung Karlstadt

12.26 — 10.8

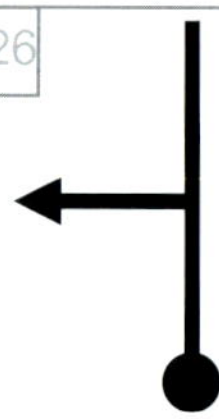

Richtung Karlstadt

12.27 — 11.0

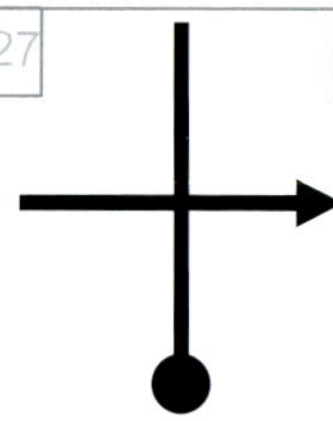

Richtung Karlstadt

Mittelpunkte 12

12.28 — 14.7

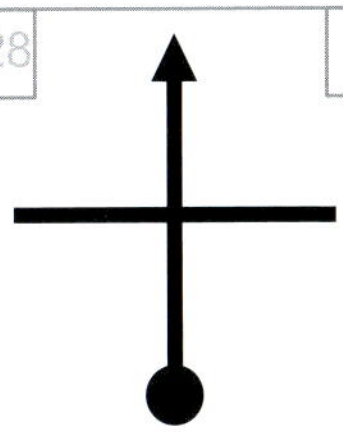

Durchfahrtverbot LKW

12.29 — 15.4

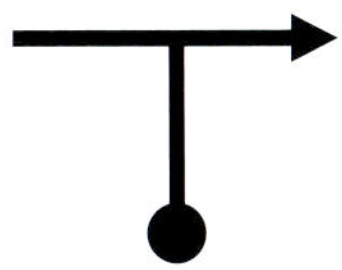

12.30 — 16.4

Solaranlage

12.31 — 16.5

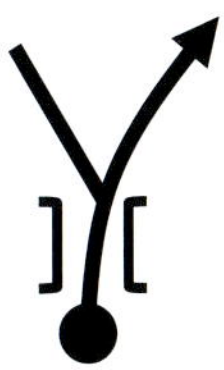

Durch Bahnunterführung

12.32 — 21.3

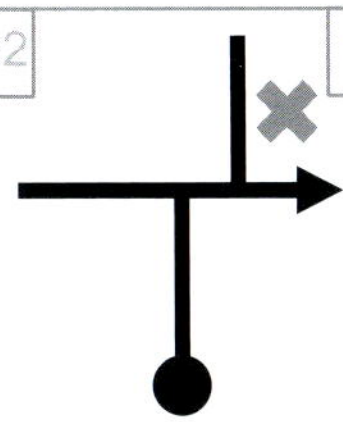

Gedenkstein - Marienstatue

12.33 — 22.1

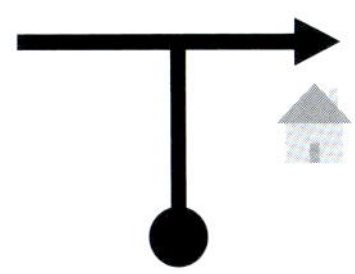

Ortseingang Himmelstadt

12.34 — 22.9

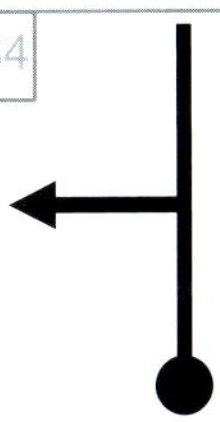

In Brückenstraße

12.35 — 23.1

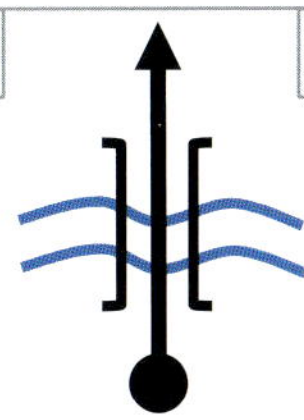

12.36 — 23.9 ↓ 0.0

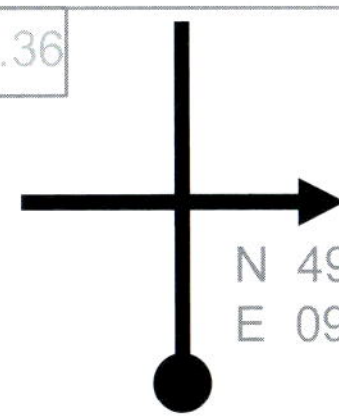

N 49 55 46
E 09 48 78

Auf B27 Richtung Würzburg

12 Mittelpunkte

12.37 — 1.7

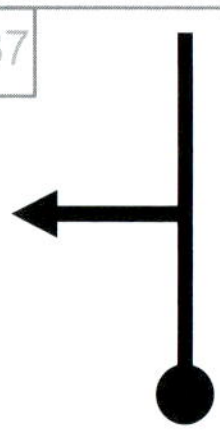

Richtung Retzstadt

12.38 — 2.0

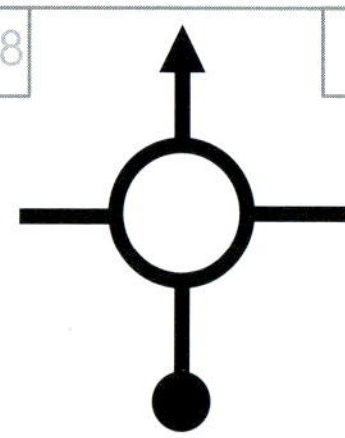

12.39 — 15.3

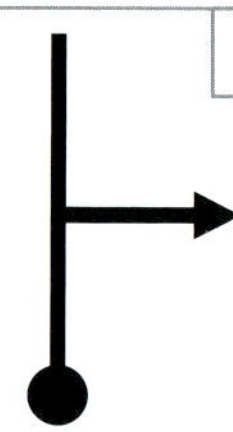

Richtung
Günthersleben

12.40 — 20.4

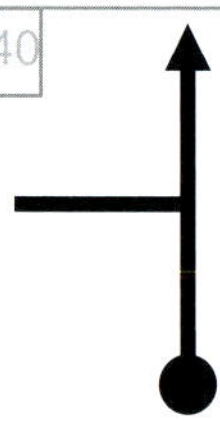

12.41 — 21.9

12.42 — 24.0 ⬇ 0.0

N 49 52 18
E 09 54 45

12.43 — 3.0

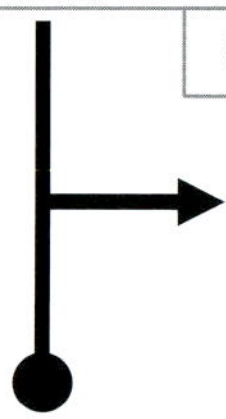

In Ort Gadheim

12.44 — 3.3

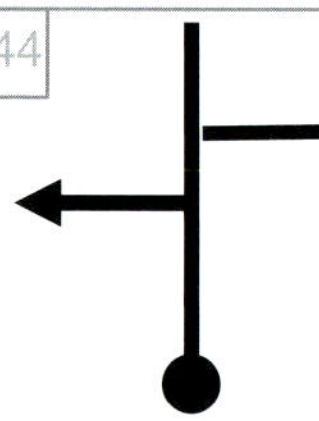

12.45 — 3.5

N 49 50 58
E 09 54 12

Ende: neuer
Mittelpunkt EU

13 Katharinenbild

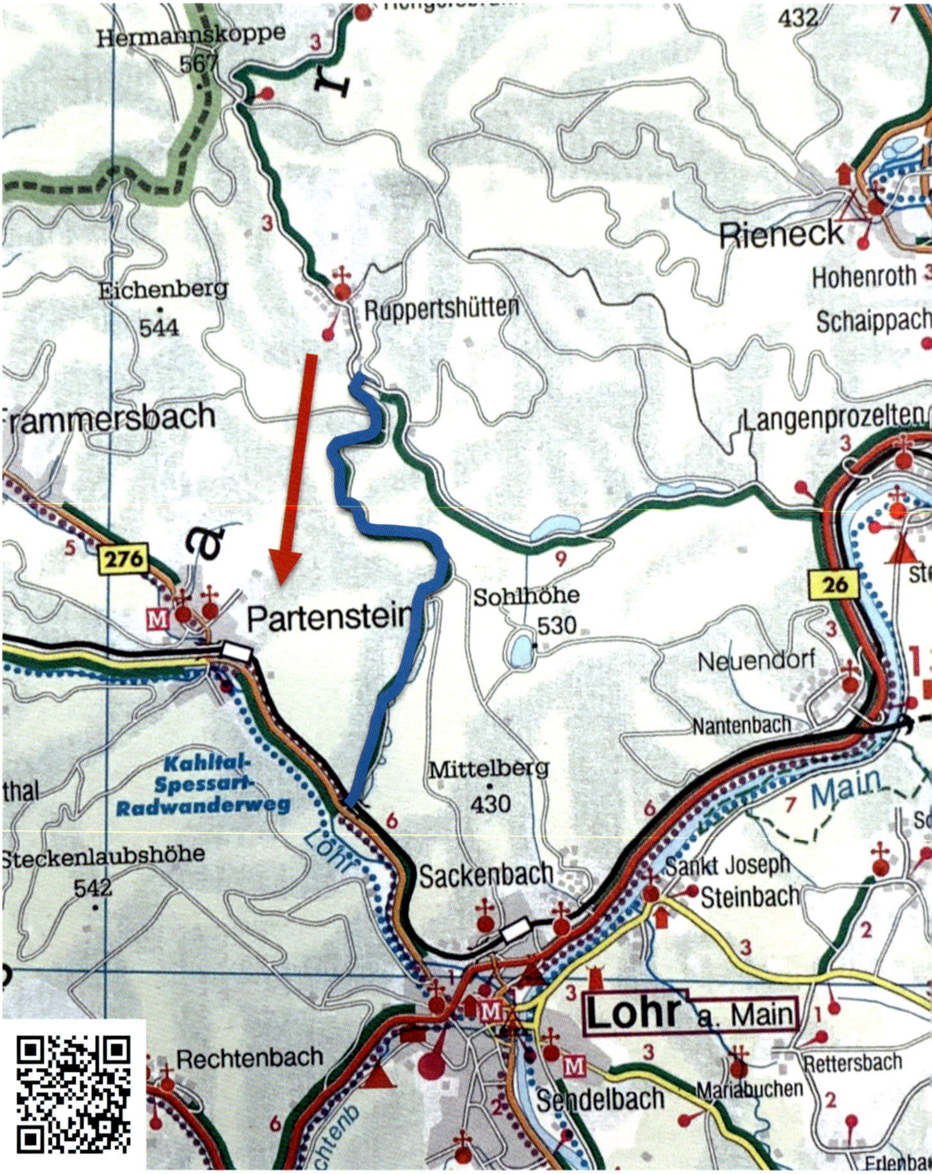

13

Der Sattel zwischen dem Lehntal und dem Main ist schon seit Jahrhunderten ein Kreuzungspunkt zweier Verbindungswege. Dort oben bietet nicht nur eine uralte Buche dem Wanderer Schatten, sondern, so die damalige Vermutung, triebe auch der Teufel sein Unwesen und trachte danach, einsame Fahrensleute vom rechten Weg abzubringen.

Ob im 19. Jahrhundert der Wegweiser mit der nicht nur sehr frommen, sondern auch sehr redegewandten Hl. Katharina an der Kreuzung aufgestellt wurde, um dem Beelzebub ordentlich Paroli zu bieten, ist uns nicht bekannt. Jedenfalls war bei unserer Befahrung dieser öffentlichen Schotterstraße in den Höhenzügen des Spessart keinerlei Schwefelgeruch zu bemerken. Der Platz um die Buche und die kleine Schutzhütte lädt jedoch auf jeden Fall zu einer Pause ein und ist ein guter Ausgangspunkt, um auf die Suche nach der in den 1930er Jahren aufgegebenen Schwerspat-Mine zu gehen. Noch heute lassen sich weiße Gesteinsbrocken auf dem Waldboden finden, die beim Transport verloren gegangen sind.

Im Anschluss empfiehlt es sich tapfer jeglicher etwaiger Versuchung zu widerstehen und die Fahrt auf dem einzig wahren und vor allem legalen Weg hinunter zum Main fortzusetzen. Dieser Schotterweg ist übrigens die einzig befahrbare Verbindung auf Gemeindegebiet zwischen der Stadt Lohr und dem Stadtteil Ruppertsmühlen.

13 Katharinenbild

13.1 — 0.0

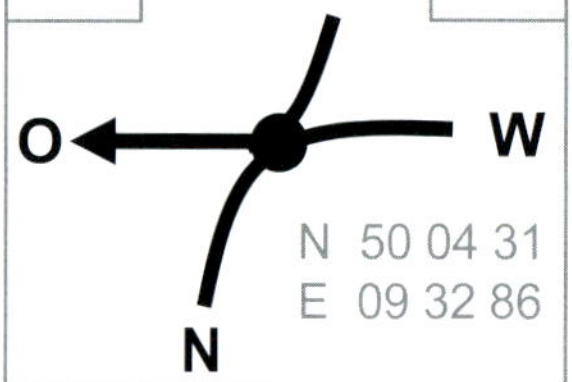

Start:
SCHOTTER
2,3m 5t

13.2 — 1.1

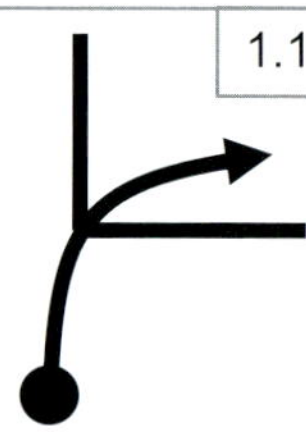

13.3 — 2.3

13.4 — 4.5

Sitzbänke

13.5 — 4.9

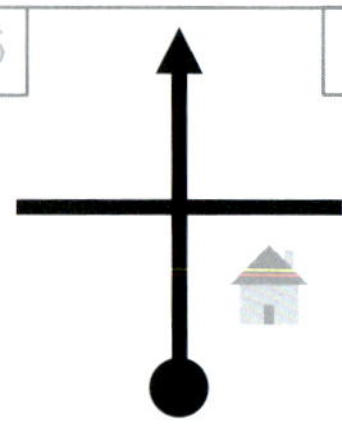

Katharinenbild
Hütte

13.6 — 5.3

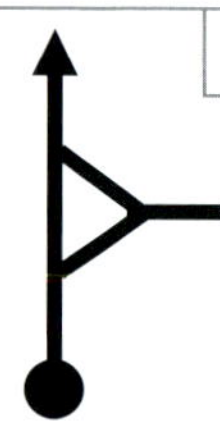

13.7 — 5.4

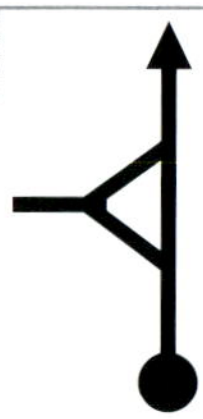

13.8 — 6.2

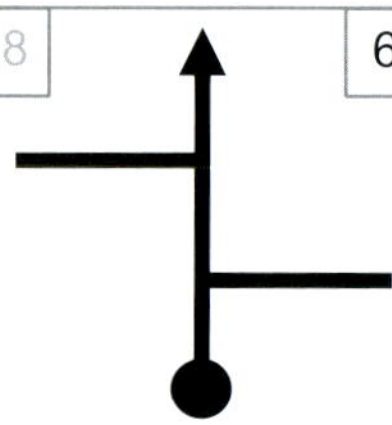

13.9 — 6.3

Katharinenbild 13

13.10 | 6.6

13.11 | 7.4

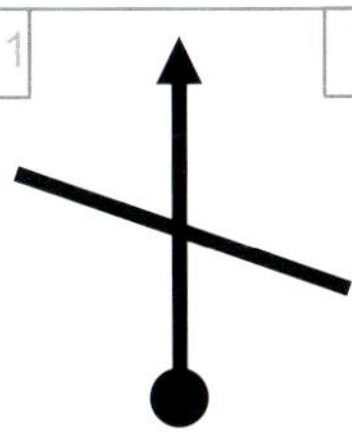

13.12 | 7.9

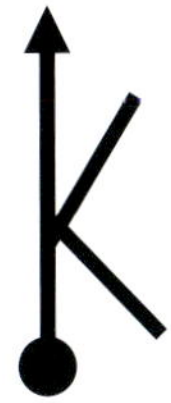

13.13 | 8.3

13.14 | 8.4

13.15 | 8.4

Bahnunterführung
2.8 m (evtl. 3 m)

13.16 | 8.5

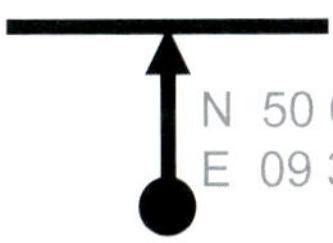

N 50 01 14
E 09 32 84

Ende

14 Rennweg

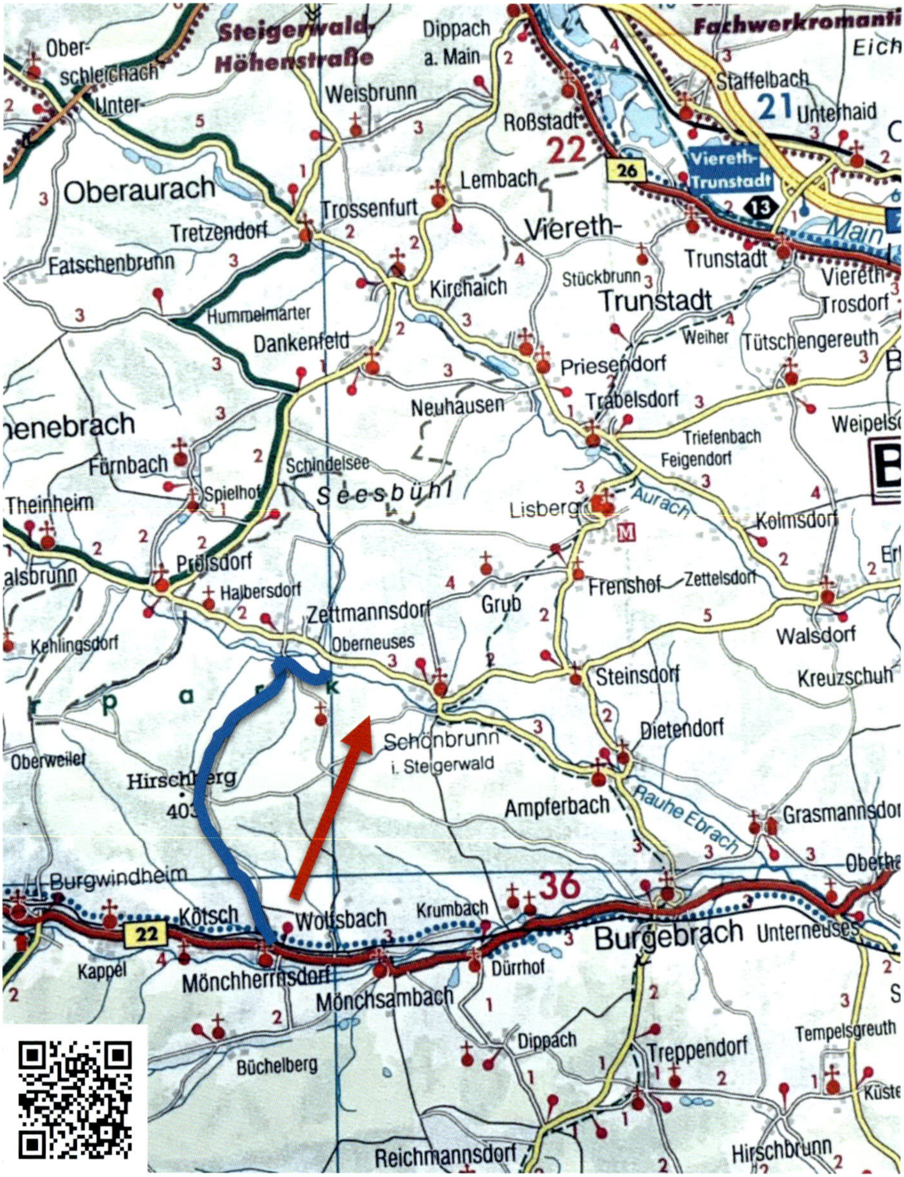
Steigerwald-Höhenstraße
Fachwerkromantik
Dippach a. Main
Ober-schleichach
Unter-
Weisbrunn
Staffelbach
Unterhaid
Roßstadt
Oberaurach
Trossenfurt
Lembach
Viereth-Trunstadt
Tretzendorf
Viereth-
Trunstadt
Fatschenbrunn
Kirchaich
Stückbrunn
Trunstadt
Viereth
Trosdorf
Hummelmarter
Dankenfeld
Weiher
Tütschengereuth
Priesendorf
Neuhausen
Trabelsdorf
Weipelsdorf
Triefenbach
Feigendorf
Fürnbach
Schindelsee
Seesbühl
Spielhof
Theinheim
Lisberg
Aurach
Kolmsdorf
Prölsdorf
Frenshof
Zettelsdorf
Halbersdorf
Zettmannsdorf
Grub
Walsdorf
Kehlingsdorf
Oberneuses
Steinsdorf
Kreuzschuh
Dietendorf
Schönbrunn i. Steigerwald
Oberweiler
Hirschberg 403
Ampferbach
Rauhe Ebrach
Grasmannsdorf
Burgwindheim
Kötsch
Wolfsbach
Krumbach
Burgebrach
Unterneuses
Kappel
Mönchherrnsdorf
Mönchsambach
Dürrhof
Büchelberg
Dippach
Treppendorf
Tempelsgreuth
Reichmannsdorf
Hirschbrunn
Küste
22
26
36
13
21

14

Was heute G5 ist, war gestern das Fax, vorgestern das Telex und noch einen ganz kleinen Wimpernschlag der Geschichte früher: der Bote. Aus Griechenland ist der Marathonlauf bekannt, und in Südamerika war das Inkareich durch ein ausgeklügeltes Wegenetz für Läufer verbunden.

Auch schon im frühen Mittelalter war Franken am Puls des technologischen Fortschritts und so waren Schweinfurt und Bamberg durch einen „mindestens eine Sperrlänge breiten“ Rennweg verbunden. Darauf überbrachten Kuriere und berittene Boten Nachrichten von Ost nach West durch die Höhenzüge des Steigerwalds.

Der Steigerwald erhebt sich recht unvermittelt und um die 200 m aus den umliegenden Flusstälern. Der Name Steigerwald, dieser weitgehend unbekannten Naturperle in der Mitte Deutschlands, leitet sich von den jahrtausendealten Steigen ab, die den Zugang in die Höhenzüge ermöglichten. Dieser Track folgt dem Verlauf eines dieser Zugangswege und überquert auf seinem Scheitelpunkt den historischen Rennweg.

Aktivitätstipp: Mehrtägige Trekking-Tour durch die Höhenzüge des Steigerwalds mit seinen offiziellen Trekkingplätzen.

14 Rennweg

14.1 — 0.0

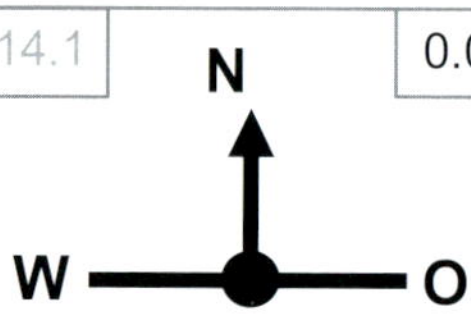

N 49 49 33
E 10 39 04

Start:
auf: *Zum Hirschberg*

14.2 — 0.2

Ortsausgang
Mönchherrnsdorf
Richtung Zettmannsdorf

14.3 — 1.2

SCHOTTER

14.4 — 2.0

14.5 — 2.6

Treckingplatz

14.6 — 2.7

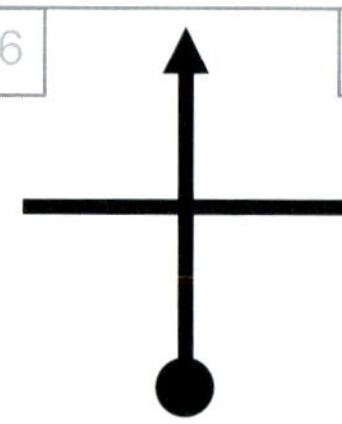

Kreuzung Hohestraße

14.7 — 3.5

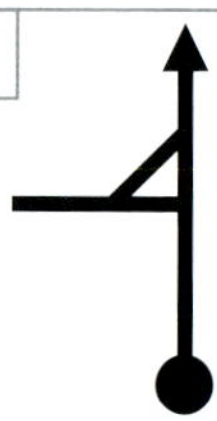

14.8 — 3.9

14.9 — 5.0

TEER

14.10 | 5.2

Rastplatz Greuth

14.11 | 5.4

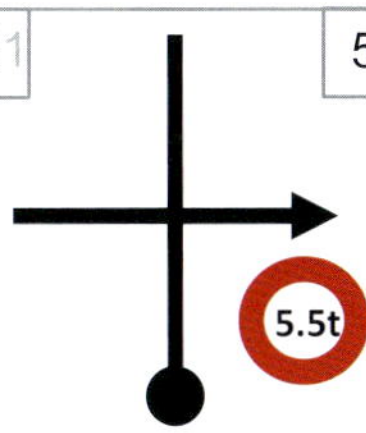

14.12 | 5.5

SCHOTTER

14.13 | 6.0

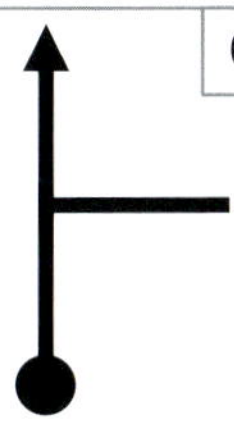

14.14 | 6.1

TEER

14.15 | 6.2

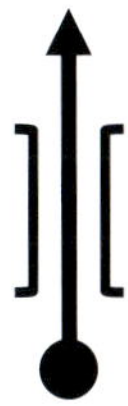

Brücke

14.16 | 6.3

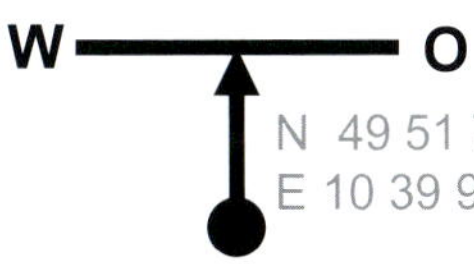

N 49 51 78
E 10 39 92

Ende:
Oberneuses

15 Brauereiweg

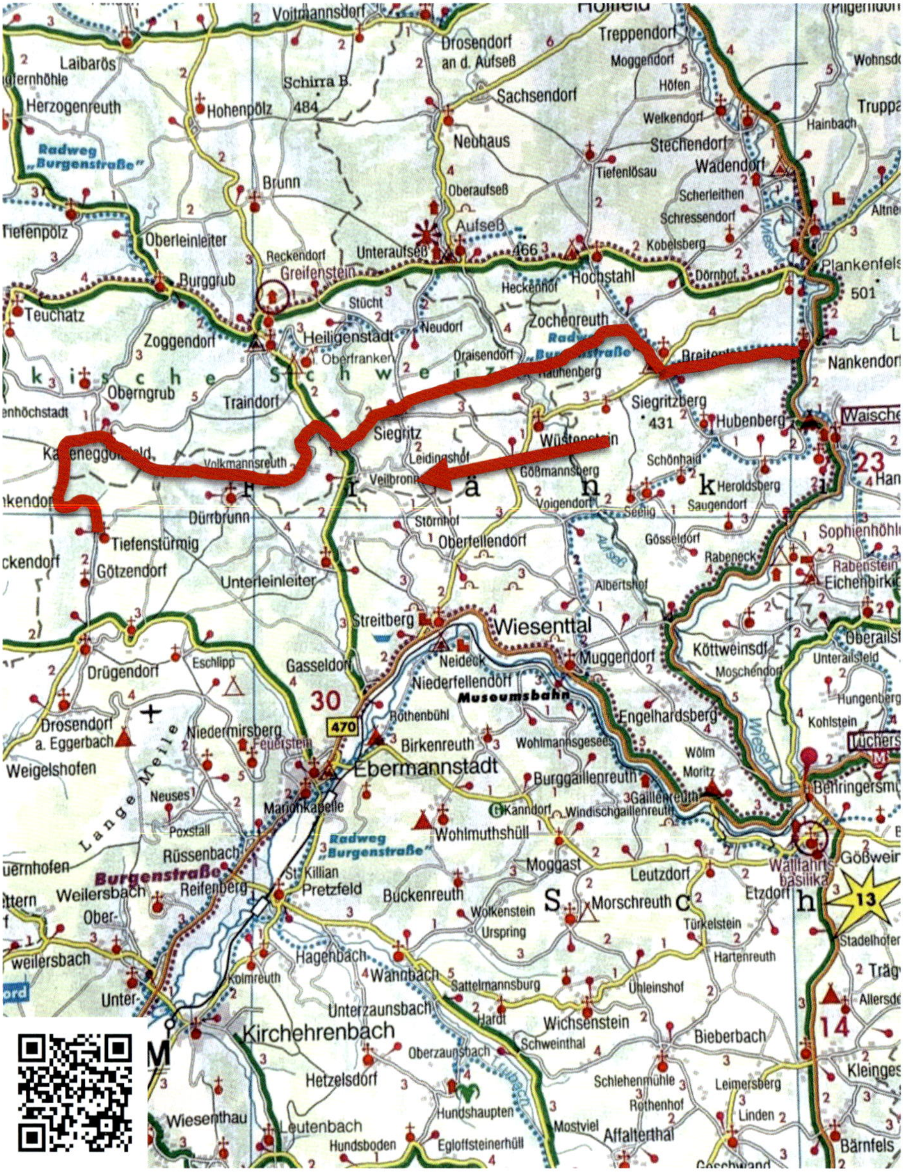

15

Die fränkische Schweiz ist eine der schönsten Mittelgebirgslandschaften Deutschlands. Naturbelassene Flüsschen verlaufen in mit Kalkfelsen gesäumten Tälern. Tropfsteinhöhlen, Burgen und gemütliche Gasthöfe laden zum Erkunden und Verweilen ein. Nicht ohne Grund ist „die Fränkische“ ein Magnet für Kletterer, Kanufahrer und Mountainbiker. Aber es kommt noch besser...

Die Fränkische Schweiz besitzt mit 69 familiengeführten Brauereien die höchste Brauereidichte der Welt, der Weiler Aufseß hat es mit seinen vier Brauereien sogar ins Guinnessbuch geschafft und verleiht dem trinkfreudigen Gast den Titel: Ehrenbiertrinker. Kurz gesagt – hier gibt es viel zu erleben und zu genießen. Dieser Track hilft erst einmal einen Überblick über die Vielfalt der Möglichkeiten zu bekommen. Er verläuft auf einer Mischung aus einspurigen Verbindungswegen und Schotterstrecken und führt natürlich unvermeidbar an den Versuchungen der einen oder anderen Brauerei vorbei.

Unser Tipp: Zunächst die Erkundungsrunde mit dem Fahrzeug abfahren, dieses dann am Übernachtungsort abstellen und die Brauereien auf einer Wanderung nochmals einer genaueren Inspektion unterziehen.

Aktivitätentipp: Kanu-Tour auf der Wiesent, Besichtigung der Binghöhle.

15 Brauereiweg

15.1 — 0.0

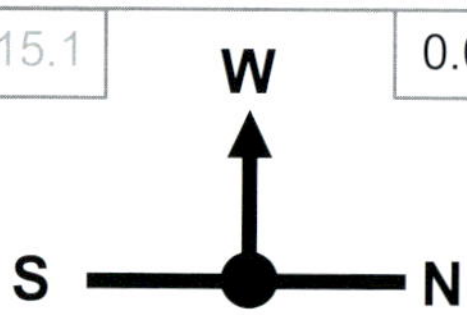

N 49 51 90
E 11 20 23

Start:
Höhenbegrenzung
3,2m

15.2 — 0.2

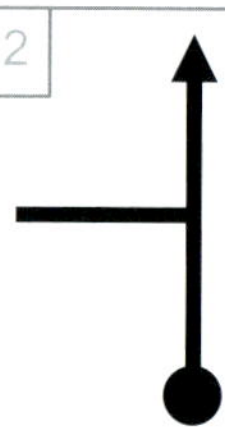

Richtung Breitenlesau

15.3 — 0.4

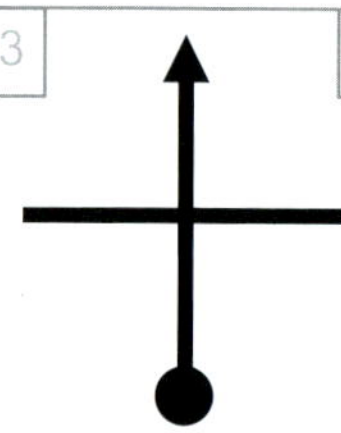

15.4 — 0.6

SCHOTTER

15.5 — 1.2

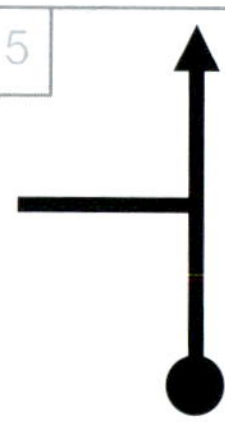

15.6 — 1.4

15.7 — 2.1

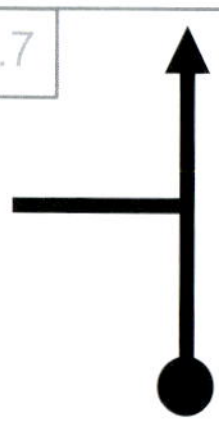

KOPFSTEIN

15.8 — 2.7

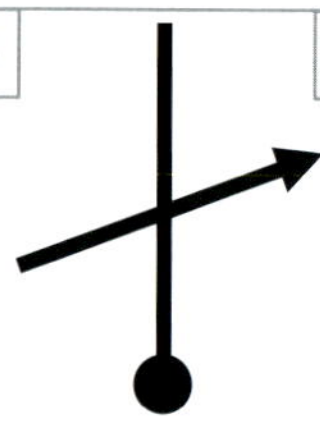

15.9 — 2.7

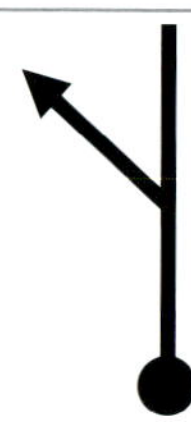

Brauereiweg folgen

Brauereiweg 15

15.10 | 3.1

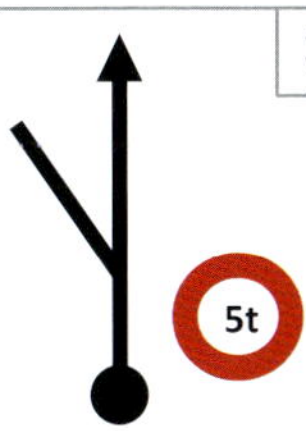

TEER

15.11 | 3.2

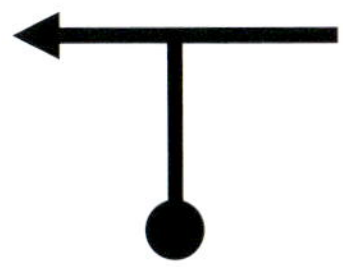

15.12 | 3.7

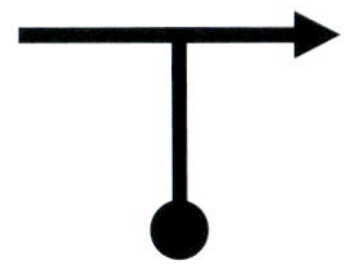

Richtung Zochenreuth

15.13 | 3.7

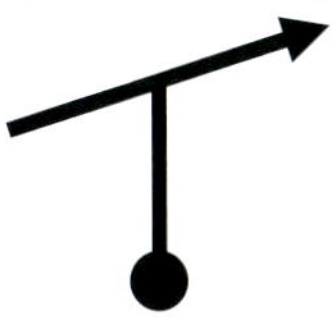

15.14 | 5.1

In Zochenreuth
Richtung Rauhenberg

15.15 | 5.1

15.16 | 5.8

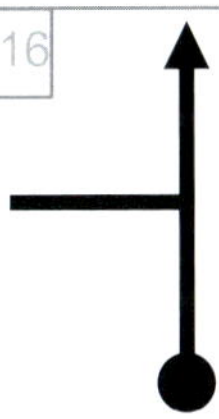

15.17 | 7.3

Ortseingang
Rauhenberg

15.18 | 7.5

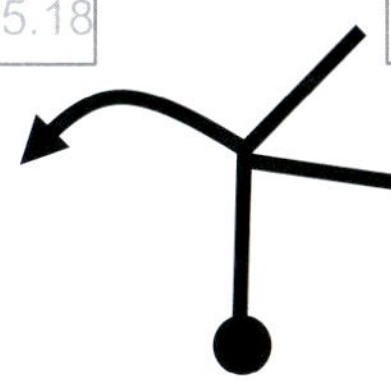

Richtung Draisendorf

15 Brauereiweg

15.19 | 8.1

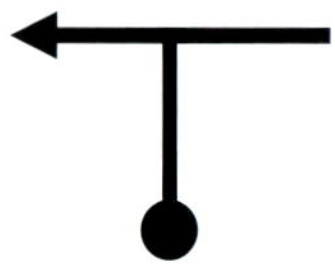

15.20 | 8.3 ↓ 0.0

N 49 51 59
E 11 14 98

15.21 | 0.2

KOPFSTEIN

15.22 | 0.6

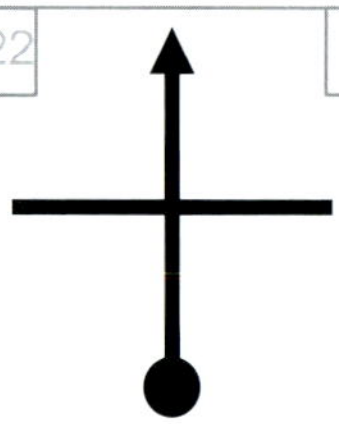

15.23 | 0.9

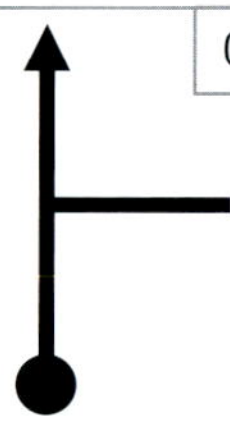

15.24 | 1.0

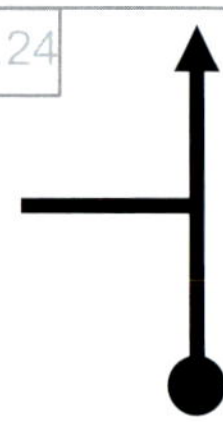

SCHOTTER

15.25 | 1.7

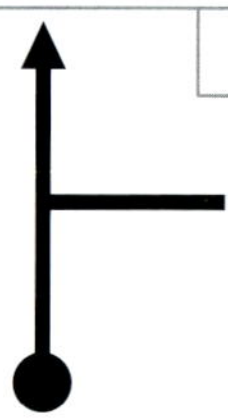

KOPFSTEIN

15.26 | 1.9

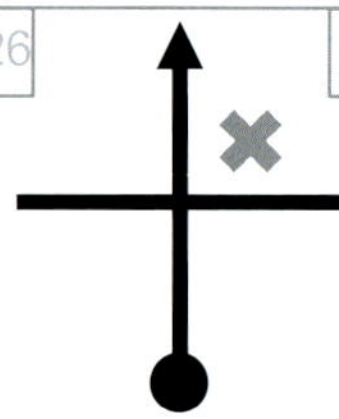

Picknick Platz
TEER

15.27 | 2.7

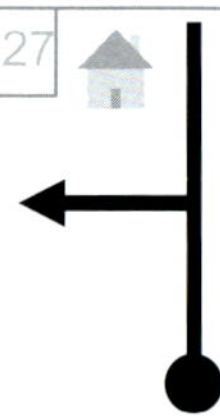

SCHOTTER

Brauereiweg 15

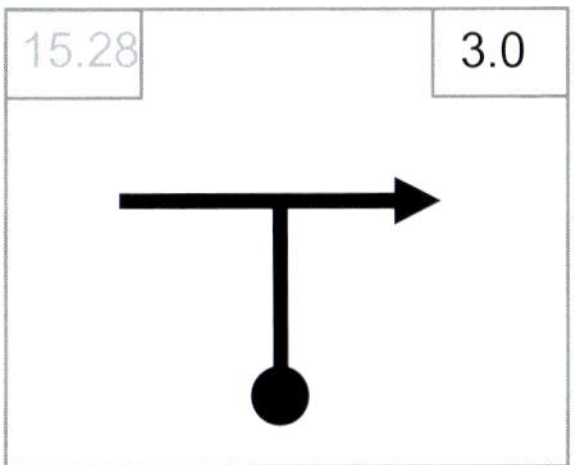

TEER

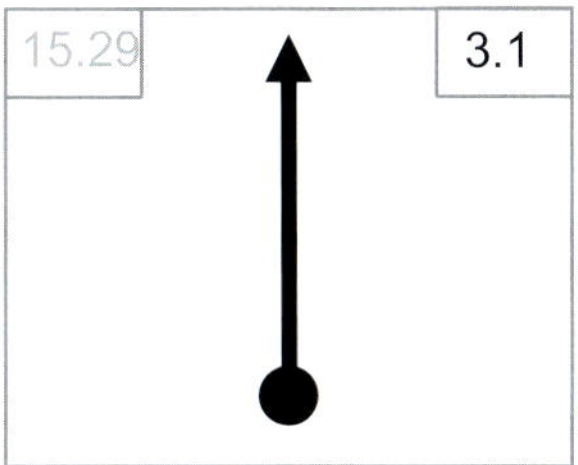

"Siegritz"

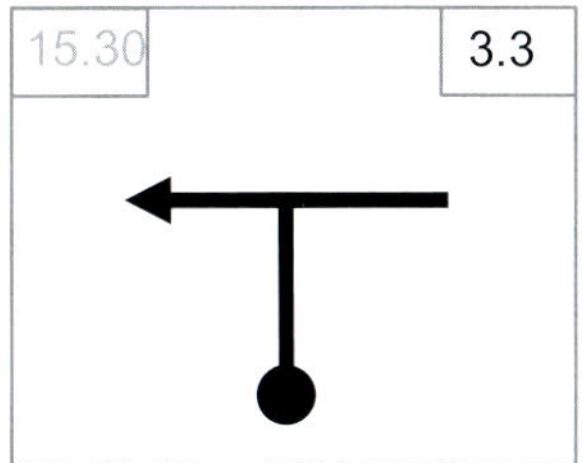

Richtung Veilbronn

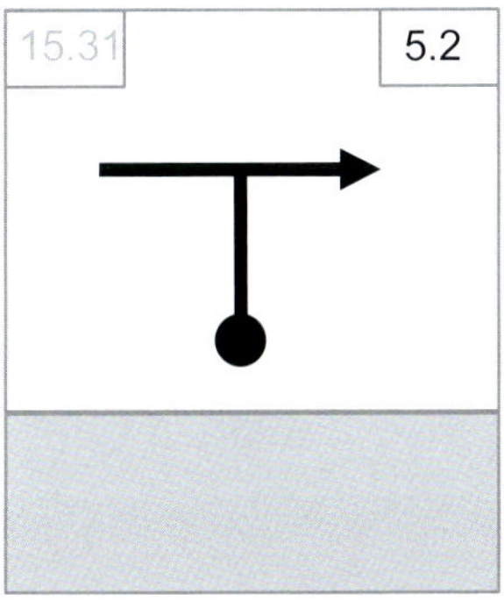

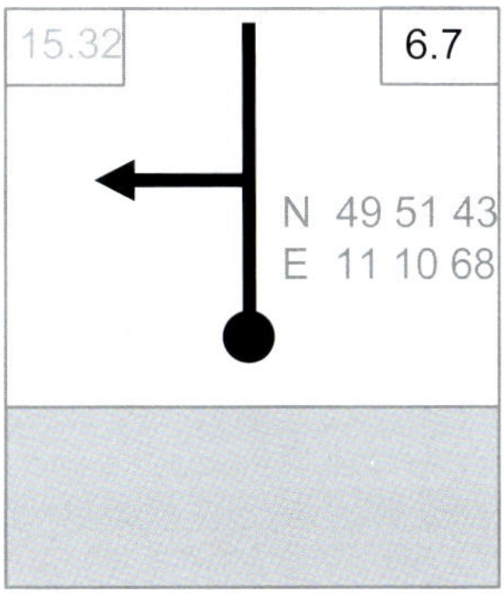

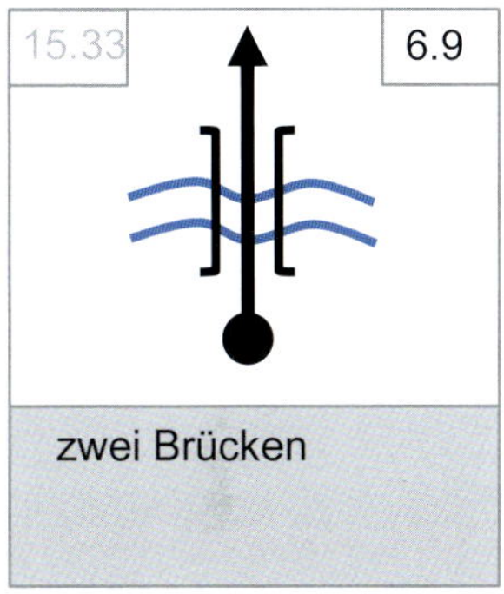

zwei Brücken

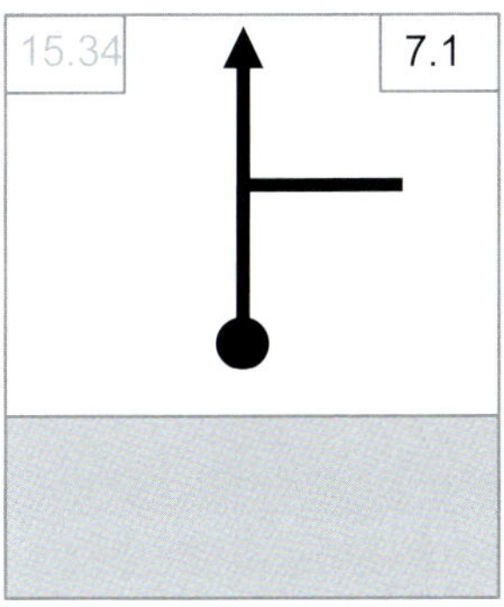

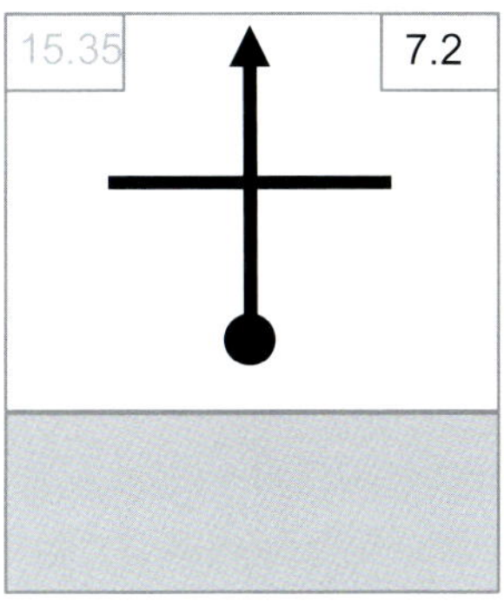

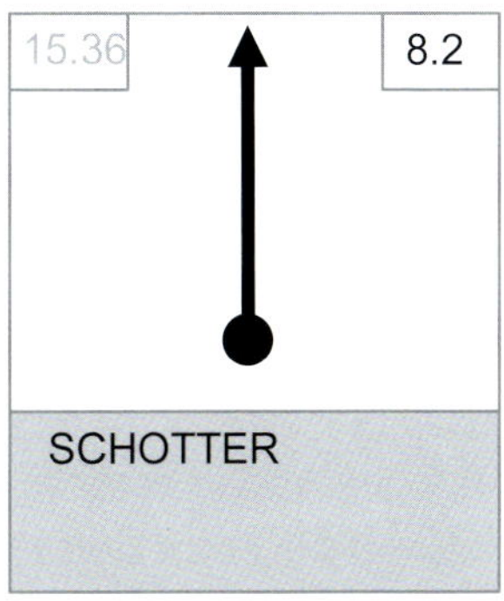

SCHOTTER

15 Brauereiweg

15.37 — 10.1

TEER

15.38 — 10.5

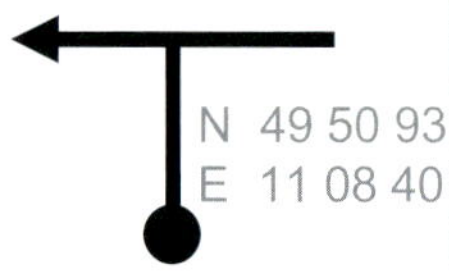

15.39 — 11.9

Ortseingang
Kalteneggolfeld

15.40 — 12.4

7.5 t Beschränkung

15.41 — 13.2

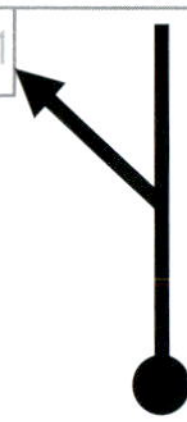

15.42 — 14.4

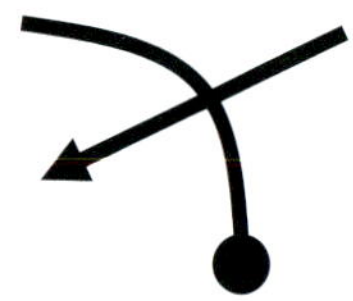

TEER

15.43 — 16.2

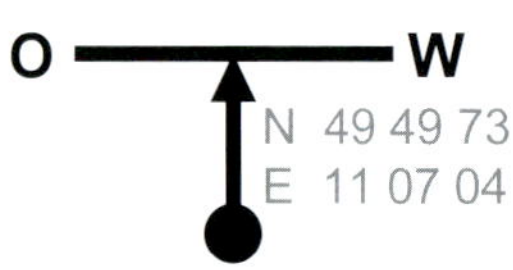

Ende:
In Tiefenstürmig

Forstwirt-
schaftlicher
Verkehr frei
KRAFT-
parke hier und wandere
FAHRER
P

16 Fichtenhammer

16

Länge: 9,8 km
Dauer: 30 min
Orientierung: 3
Winterbedingungen: 2

Goethe vermerkte auf seinen Wanderungen durch das Fichtelgebirge „geologische Merkwürdigkeiten“ und meinte damit die ungewöhnliche Mischung von Marmor, Speckstein, Basalt und Granit.
Schon immer war diese Region, die als eine der Wenigen während der Eiszeit nicht vergletschert war, nicht nur geologisch ein Grenzgebiet.

Schon seit Jahrhunderten wird das Fichtelgebirge durch unterschiedlichste Herrschaftsansprüche und Kulturen geprägt. Heute bietet eine Reise durch das Fichtelgebirge die Möglichkeit, in kontrastreiche Natur und Kulturräume einzutauchen.
Ganz im Gegensatz zu den bis zu über 1000 m hohen Gipfeln von Ochsenkopf und Schneeberg folgt unser Track dem lieblichen Tal des Lehstenbachs nach Osten. Auf den ersten Kilometern noch für alle Fahrzeuge gut fahrbar, braucht es für die letzte Ortsverbindung von Neudorf Richtung Habnith Bodenfreiheit und bei Nässe oder Schnee wahrscheinlich Allradantrieb.

Aktivitätentipp: Besuch des Erika-Fuchs- (die kongeniale Übersetzerin der Walt Disney Comics) -Hauses, Ausprobieren der Ziplines am Ochsenkopf (huiiiiiii), Besichtigung von Weißenstadt.

16 Fichtenhammer

16.1 — 0.0

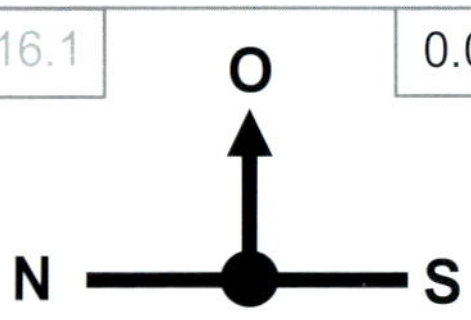

N 50 06 74
E 11 53 85

Start:
SCHOTTER

16.2 — 0.6

16.3 — 0.9

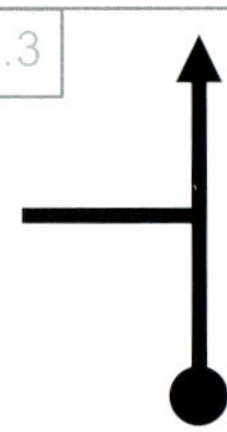

16.4 — 1.5

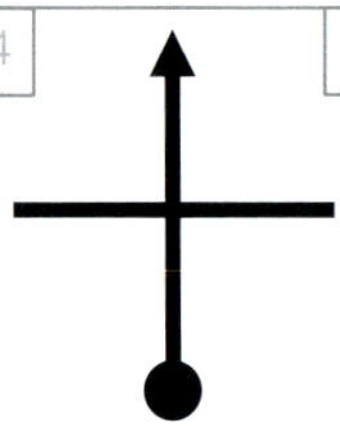

TEER

16.5 — 1.8

SCHOTTER

16.6 — 2.1

16.7 — 2.9

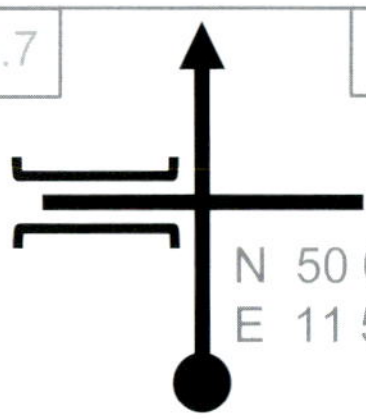

N 50 07 28
E 11 55 93

Ortseingang
Fichtenhammer
TEER

16.8 — 3.0

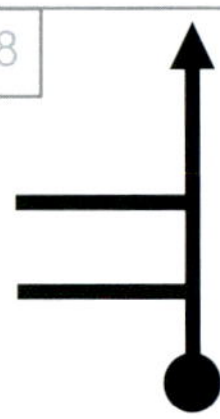

16.9 — 3.1

N 50 07 25
E 11 56 15

Fichtenhammer 16

16.10 — 3.6

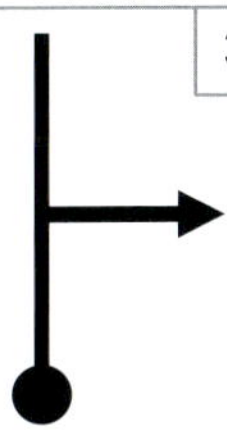

SCHOTTER

16.11 — 4.2

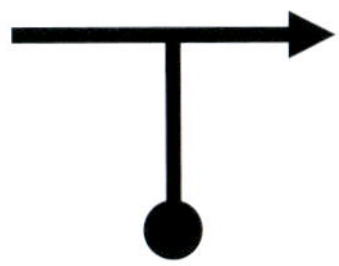

16.12 — 4.4

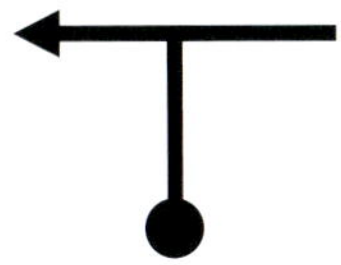

16.13 — 4.9

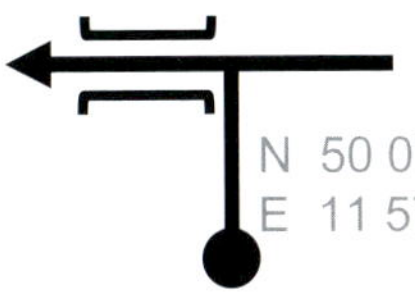

N 50 07 03
E 11 57 30

TEER

16.14 — 5.3

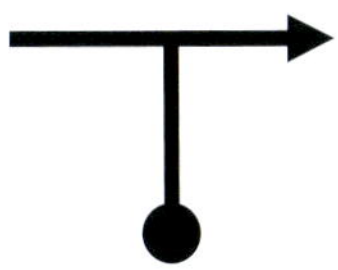

Richtung Neudorf

16.15 — 5.8

16.16 — 6.7

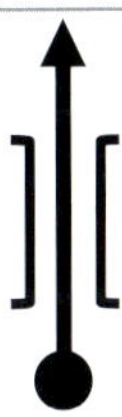

16.17 — 6.8

Ortseingang Neudorf

16.18 — 6.9

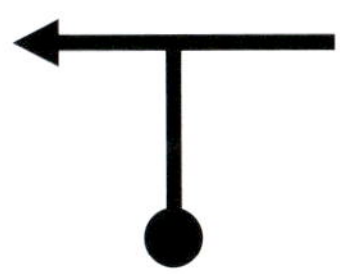

16 Fichtenhammer

16.19 | 7.1

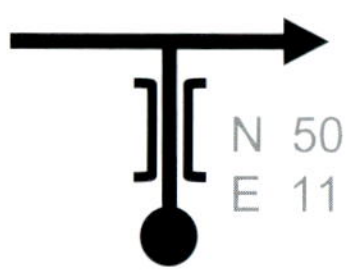

N 50 07 02
E 11 58 41

SCHOTTER

16.20 | 7.6

16.21 | 8.1

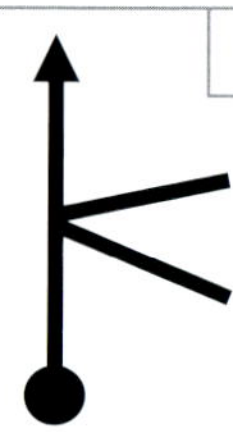

16.22 | 8.6

16.23 | 9.4

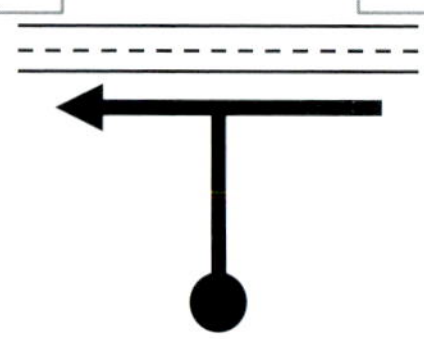

16.24 | 9.8

N 50 06 86
E 12 00 11

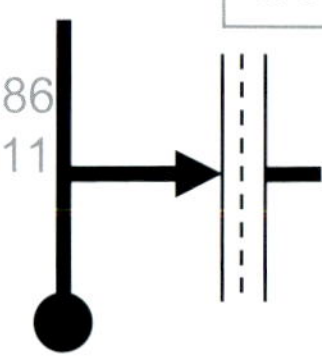

Ende:
Gerade: Habnith

TOYOTA
FD XP 1000

17 Markgrafenweg

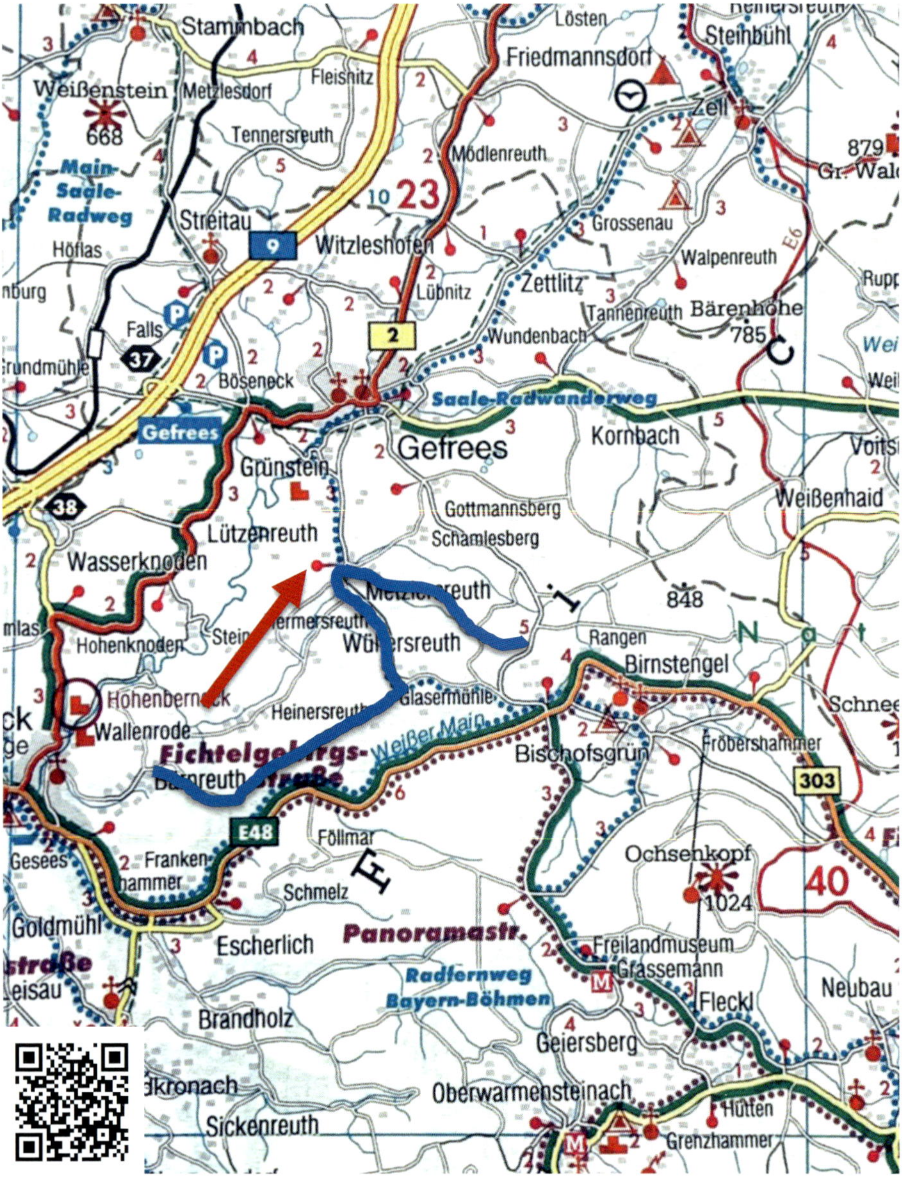

17

Wülfersreuth, die höchstgelegene Ortschaft Oberfrankens, thront auf einer Lichtung eines Bergrückens weit über den umliegenden Tälern. An klaren Tagen bietet sich von hier eine phänomenale Aussicht zum Ochsenkopf und bis in das Maintal und den Thüringerwald. Über Jahrhunderte war der Ort eine wichtige Raststation an einer von dem Bayreuther Markgrafen ausgebauten Hochstraße.

Dieser Track folgt im ersten Abschnitt dieser alten Verbindung. Achtung: Im Winter wird die Strecke wegen Schneeverwehungen sehr schnell herausfordernd. Ab Wülfersreuth geht es dann zunächst auf steiler Teerstraße hinunter ins Tal, bevor der Track wieder durch das Schweinsbachtal in das Gebiet des Wolfsgartens aufsteigt. Unbedingt empfehlenswert ist eine Stärkung im einsam gelegenen Waldgasthof Schweinsbach. Die herzhaften Gerichte kommen meist aus eigener Landwirtschaft.

Nach dem Gasthof schwenkt unser Track wieder auf den Markgrafenweg ein und passiert auf dem letzten Schotterabschnitt den Wolfspark. Hier erklärt sich auch der Name Wülfersreuth, da in dem Waldstück Fallgruben zur historischen Wolfsjagd gefunden wurden.

Aktivitätentipp: Besichtigung der Wolfsgruben.

17 Markgrafenweg

17.1 | 0.0

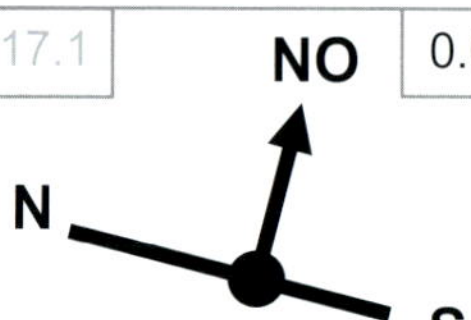

N 50 02 71
E 11 41 48

Start:
Richtung Wülfersreuth

17.2 | 0.1

Ortsausgang
Bärnreuth
SCHOTTER

17.3 | 0.5

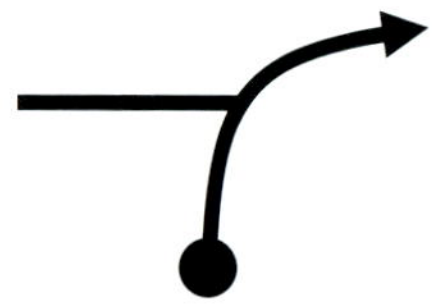

17.4 | 0.9

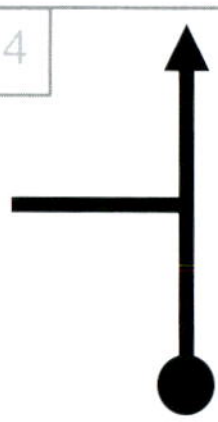

17.5 | 1.1

17.6 | 1.7

17.7 | 3.1

17.8 | 3.3

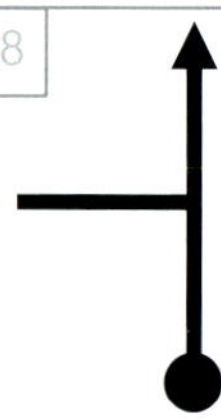

17.9 | 3.5

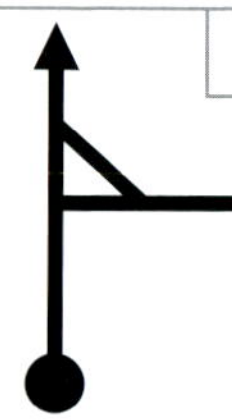

Markgrafenweg 17

17.10 | 4.1

TEER

17.11 | 4.3

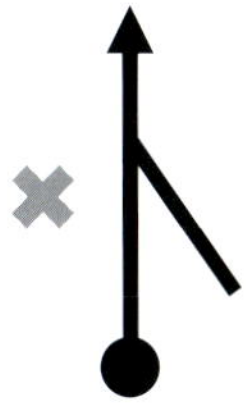

Aussicht

17.12 | 4.8

Ortseingang
Wülfersreuth

17.13 | 5.0 ⬇ 0.0

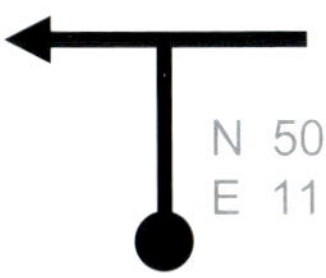

N 50 03 49
E 11 44 95

17.14 | 0.5

Ortsausgang
Wülfertsreuth

17.15 | 2.0

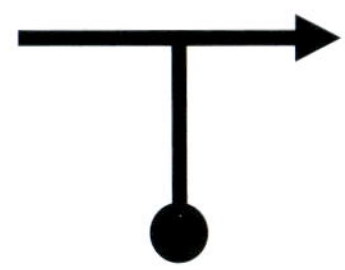

17.16 | 2.05

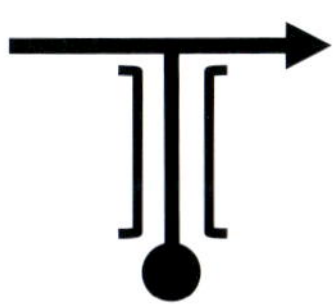

17.17 | 2.2

Ortseingang Neudorf

17.18 | 2.3

17 Markgrafenweg

17.19	2.4
Schild Schweinsbach	

17.20	2.9
Picknick mit Grill	

17.21	3.9
Waldgasthof Schweinsbach, SCHOTTER	

17.22	4.3

17.23	4.6

17.24	5.3
B303 S N N 50 03 63 E 11 46 25	
Ende	

Zuchtverband für oberbayer. Alpenfleckvieh
über
5500 kg
Stalldurchschnitt
mit über
400 kg
Fett + Eiweiß
19 95
Miesbach
Zuchtverband für oberbayer. Alpenfleckvieh
über
6000 kg
Stalldurchschnitt
mit über
440 kg
Fett+Eiweiß
19 96
Miesbach
Zuchtverband für oberbayer. Alpenfleckvieh
über
6000 kg
Stalldurchschnitt
mit über
440 kg
Fett+Eiweiß
19 97
Miesbach
Zuchtverband für oberbayer. Alpenfleckvieh
über
7000 kg
Stalldurchschnitt
mit über
520 kg
Fett+Eiweiß
20 04
Miesbach
Zuchtverband für oberbayer. Alpenfleckvieh
über
6500 kg
Stalldurchschnitt
mit über
480 kg
Fett+Eiweiß
20 01
Miesbach
Zuchtverband für oberbayer. Alpenfleckvieh
über
6500 kg
Stalldurchschnitt
mit über
480 kg
Fett+Eiweiß
20 00
Miesbach
Zuchtverband für oberbayer. Alpenfleckvieh
über
7500 kg
Stalldurchschnitt
mit über
560 kg
Fett+Eiweiß
20 13
Miesbach
Zuchtverband für oberbayer. Alpenfleckvieh
über
8000 kg
Stalldurchschnitt
mit über
600 kg
Fett+Eiweiß
20 14
Miesbach
Zuchtverband für oberbayer. Alpenfleckvieh
über
8500 kg
Stalldurchschnitt
mit über
640 kg
Fett+Eiweiß
20 17
Miesbach
TIERWOHL IN BAYERN
Bei uns großgeschrieben:
KUHKOMFORT
Mehr Komfort für Kühe mit der
LKV-Haltungsberatung
Europäischer Landwirtschaftsfonds für die Entwicklung des ländlichen Raums (ELER)
Hier investiert Europa in die ländlichen Gebiete
in Leistungen dieses Betriebes für den Agrarumwelt- und Klimaschutz
und den Erhalt der Kulturlandschaft
mitfinanziert durch den Freistaat Bayern
im Rahmen des Entwicklungsprogramms für den
ländlichen Raum in Bayern 2014 – 2020

18 Maximiliansgrotte

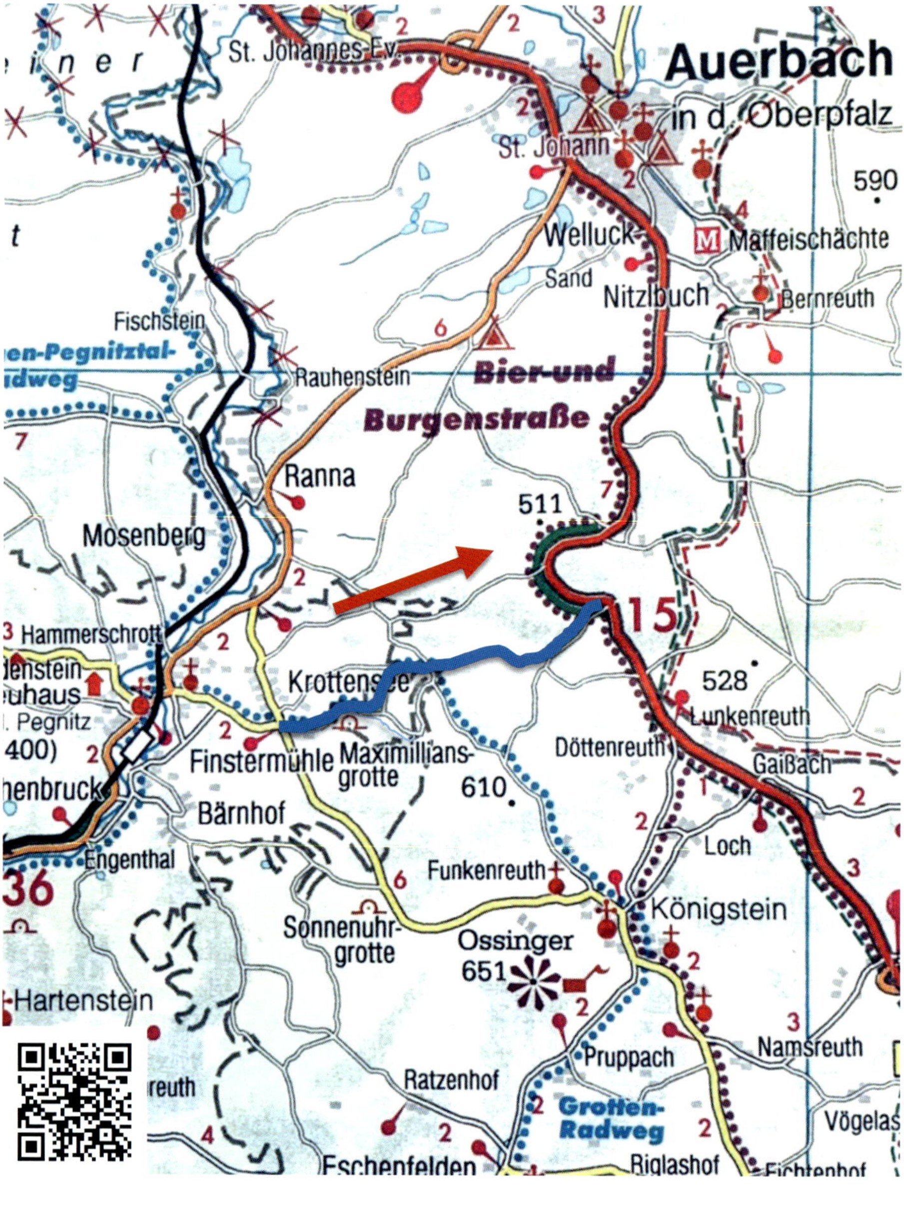

18

Obwohl sicherlich schon seit Jahrhunderten bekannt, wagten sich erst an Silvester 1852 drei mutige Gesellen an die ausgiebige Erkundung einer der größten und schönsten Tropfsteinhöhlen Deutschlands und benannten diese nach dem damaligen Regenten Maximilian.

Auf einer Länge von 1200 m und einer Tiefe von über 70 m lassen sich dort beeindruckende Gesteinsformationen entdecken.
Auch die Felstürme der "Steinernen Stadt", durch die dieser - obwohl geschotterte, jedoch einfach befahrbare - Track führt, verströmt Indiana Jones Feeling. Hier handelt es sich um stark zerklüftete ehemalige Riffe, die tatsächlich an eine verwunschene Ruinenstadt irgendwo in einem geheimnisvollen Dschungel dieser Welt erinnern. Der ganze Reiz dieses Gebietes entfaltet sich jedoch erst, wenn das Expeditionsfahrzeug am Basislager – wir empfehlen das Gasthaus Grottenhof – abgestellt wurde und die Erkundung der Felsenlandschaft zu Fuß fortgesetzt wird.

Aktivitätstipp: Besichtigung Maximiliansgrotte, Rundwanderung "Steinerne Stadt" (2 h).

18 Maximiliansgrotte

18.1 | 0.0

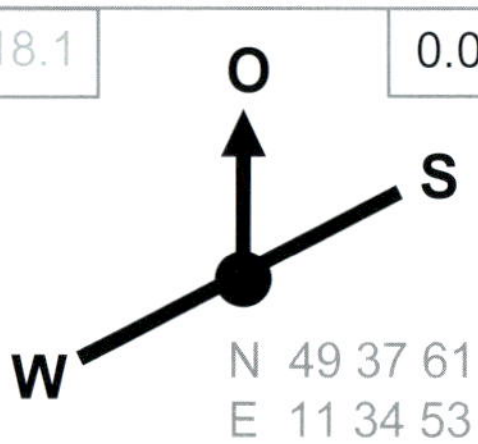

Start:
Richtung
Maximiliangrotte

18.2 | 0.9

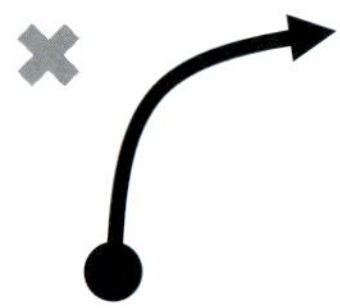

Picknick Platz und
Aussicht

18.3 | 1.2

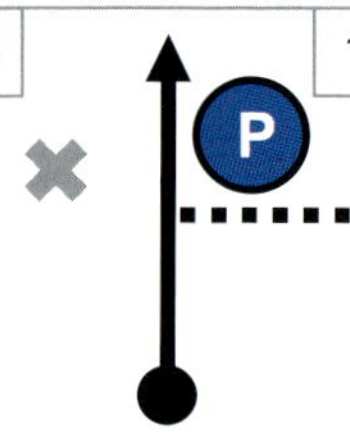

Gasthaus
Rechts Parkplatz und
Grotte

18.4 | 1.3

SCHOTTER

18.5 | 2.0

(Links Ri. Krottensee)

18.6 | 2.5

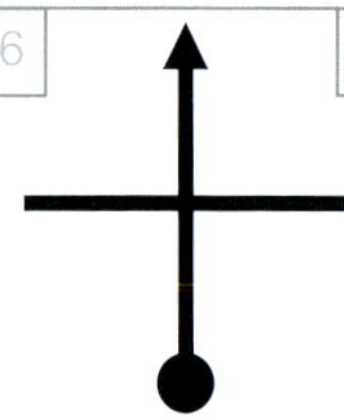

18.7 | 2.8

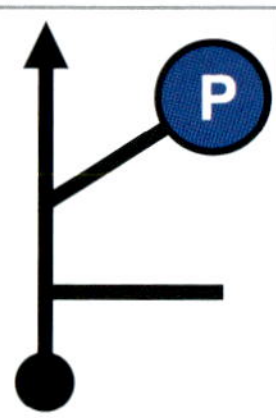

Picknick Platz und
Felsen

18.8 | 4.2

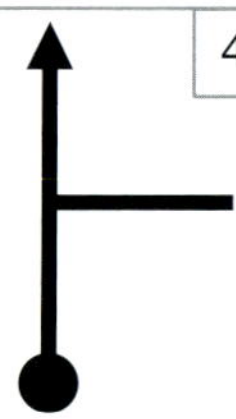

18.9 | 4.9

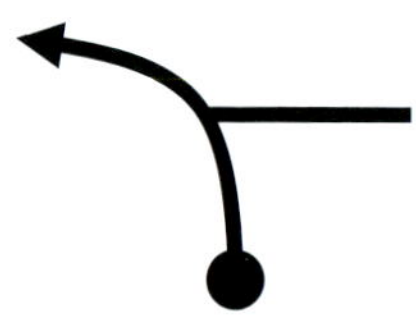

Maximiliansgrotte 18

18.10 | 5.0

W — O

N 49 38 47
E 11 37 62

Ende: auf B85

19 Eselsweg

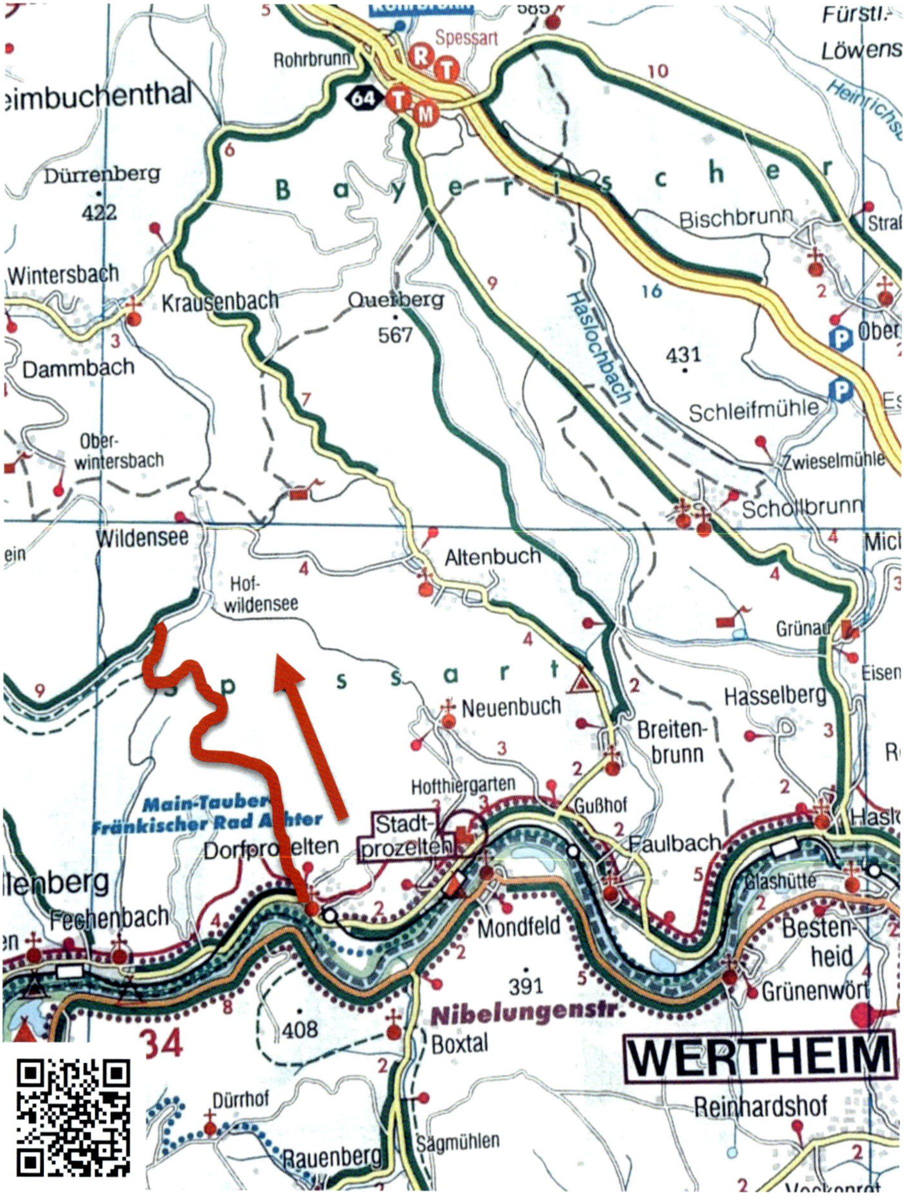
Rohrbrunn
Spessart
Fürstl.-
Löwens
eimbuchenthal
Dürrenberg
422
Bayerischer
Bischbrunn
Wintersbach
Krausenbach
Querberg
567
Haslochbach
Dammbach
431
Schleifmühle
Ober-
wintersbach
Zwieselmühle
Schollbrunn
Wildensee
Altenbuch
Hof-
wildensee
Grünau
Spessart
Hasselberg
Neuenbuch
Breiten-
brunn
Hofthiergarten
Gußhof
Main-Tauber
Fränkischer Rad Achter
Stadt-
prozelten
Dorfprozelten
Faulbach
Glashütte
Fechenbach
Mondfeld
Besten-
heid
Grünenwört
391
408
Nibelungenstr.
Boxtal
WERTHEIM
Dürrhof
Reinhardshof
Rauenberg
Sägmühlen

19

Auf dem Eselsweg wurde im Mittelalter wertvolles Salz mit Eselkarawanen aus Bad Orb nach Süden zum Main transportiert. In seinem Verlauf entlang eines Höhenrückens weitab von Ortschaften vermied er sowohl die in manchen Jahreszeiten nur schwer passierbaren Flusstäler, aber auch lästige Zollstationen in den Gemeindegebieten.

Die schon vor über 2000 Jahren zu einem Netzwerk von Handelsstraßen zwischen Ostsee und Mittelmeer gehörende Route ist heute ein für den Kraftfahrzeugverkehr gesperrter Fernwanderweg. Der beschriebene und bei Nässe recht schmierige Track gehört zu den Verbindungsstrecken von den Talorten hinauf zum Eselsweg, quert diesen weitab der Ortschaften und ist die Zufahrt zu einer der schönsten Ecken des Spessart.
Im Anschluss ist die Weiterfahrt Richtung Westen in das Mittelalterstädtchen Klingenberg mit seinen hervorragenden Weinlokalen sehr empfehlenswert.

Aktivitätentipp: Weinprobe in Klingenberg.

19 Eselsweg

19.1 | 0.0

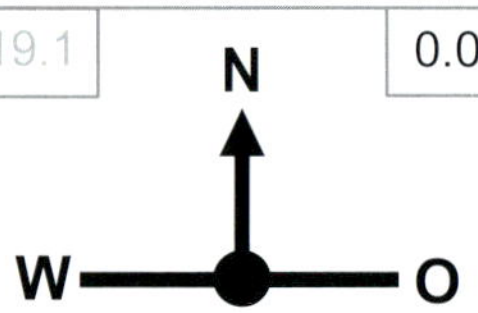

N 49 46 85
E 09 22 61

Start

19.2 | 0.1

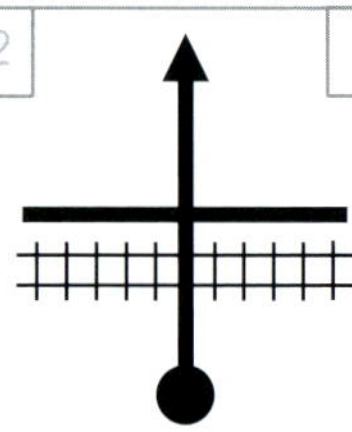

Eisenbahnunterführung
Höhenbegrenzung 3,2m
auf *Talweg*

19.3 | 0.4

SCHOTTER

19.4 | 0.8

Grillhütte

19.5 | 2.8

19.6 | 3.1

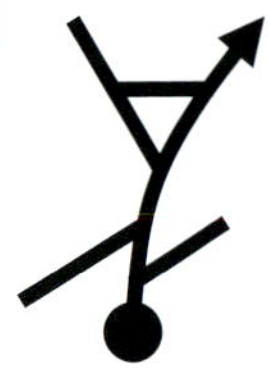

19.7 | 3.4

19.8 | 6.1

Kreuzung Eselsweg

19.9 | 6.2

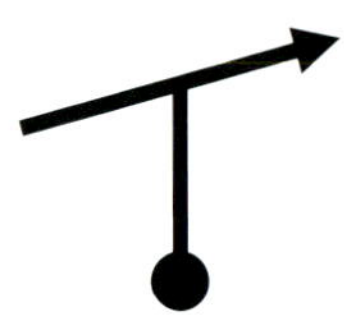

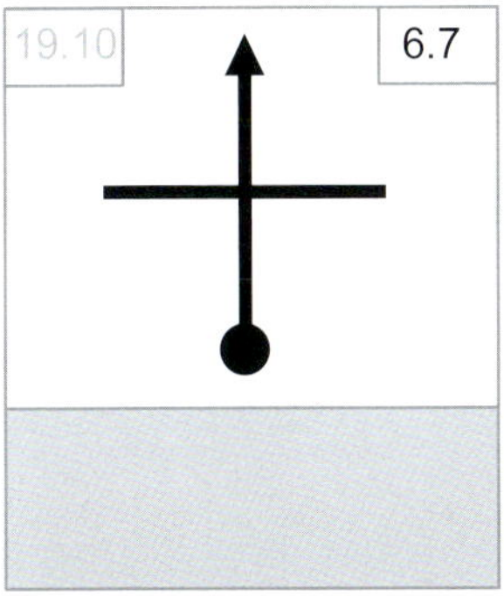
19.10
6.7

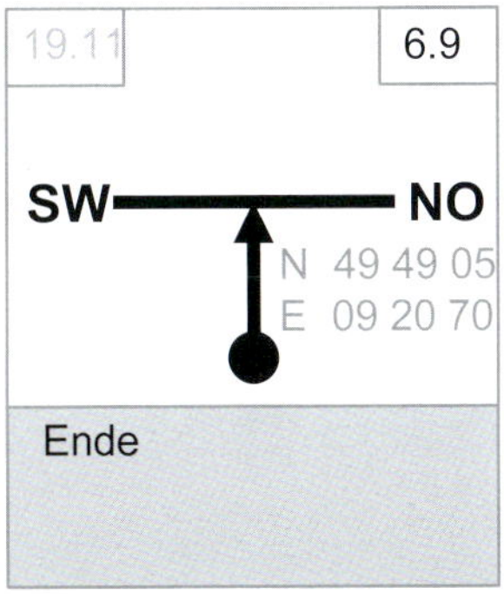
19.11
6.9
SW
NO
N 49 49 05
E 09 20 70
Ende

BAYERN-ENTDECKER
Eine Initiative des Bayerischen Staatsministeriums für Umwelt und Verbraucherschutz
5 Stempel sammeln und gewinnen
Stempelstation

20 Limes

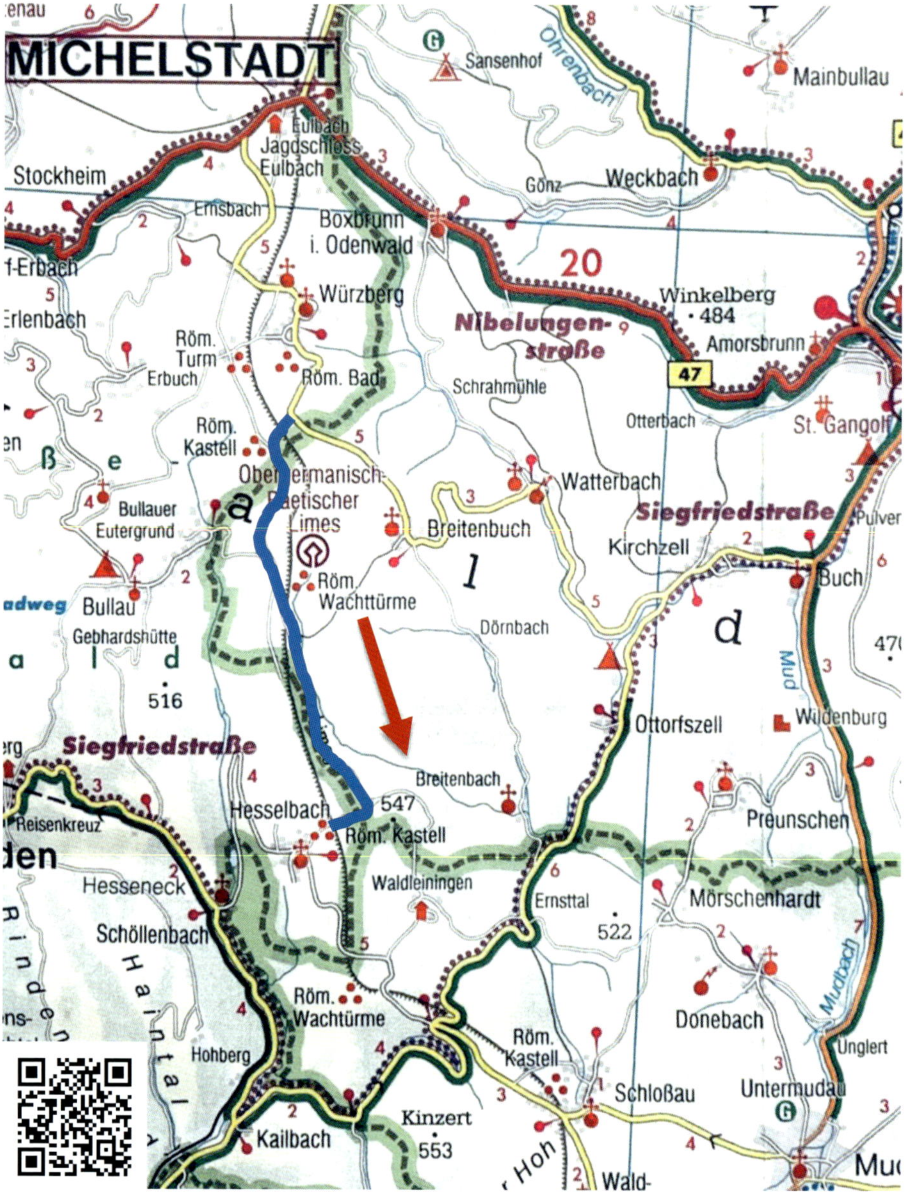

MICHELSTADT
Sansenhof
Ohrenbach
Mainbullau
Eulbach
Jagdschloss
Eulbach
Stockheim
Gönz
Weckbach
Ernsbach
Boxbrunn
i. Odenwald
20
Erbach
Würzberg
Winkelberg
484
Erlenbach
Nibelungen-
straße
Amorsbrunn
Röm.
Turm
Erbuch
Röm. Bad
47
Schrahmühle
Röm.
Kastell
Otterbach
St. Gangolf
Obergermanisch-
Raetischer
Limes
Watterbach
Bullauer
Eutergrund
Breitenbuch
Siegfriedstraße
Kirchzell
Röm.
Wachttürme
Buch
Bullau
Gebhardshütte
Dörnbach
516
Ottorfszell
Wildenburg
Mud
Siegfriedstraße
Breitenbach
547
Preunschen
Reisenkreuz
Hesselbach
Röm. Kastell
Waldleiningen
Hesseneck
Ernsttal
522
Mörschenhardt
Schöllenbach
Röm.
Wachtürme
Donebach
Mudbach
Hohberg
Röm.
Kastell
Unglert
Schloßau
Untermudau
Kailbach
Kinzert
553
Wald-

20

Der Odenwaldlimes ist einer der ältesten und besterhaltenen Limesabschnitte in Deutschland und als UNESCO Weltkulturerbe anerkannt. Dieser Grenzwall war die nördliche Grenze des römischen Reiches. Historikern bezeichnen ihn gerne auch als „kulturtrennendes Bauwerk“ zwischen Römern und Kelten. Selbst heute, gut 1900 Jahre später, erfüllt er diese Funktion als Grenze zwischen Bayern und Baden-Württemberg.

Nach umfangreichen Ausgrabungen kann man an Mauerresten von Wachtürmen, Kastellen und Römerbädern, aber auch an den historischen Bauwerken nachempfundenen Türmen und Palisaden in die antike Geschichte dieser Region eintauchen. Unser Track verläuft auf einem durchgängig geteerten Sträßchen, das mit hoher Wahrscheinlichkeit dem Verlauf des römischen Postenweges entlang des Höhenrückens folgt.
Besonders an Wochenenden ist der Limes ein beliebtes Ausflugsziel und gegenseitige Rücksichtnahme auf dem einspurigen Teersträßchen fördert die friedliche Koexistenz von Vertretern der Autofahrer- und der Radfahrerkultur.

20 Limes

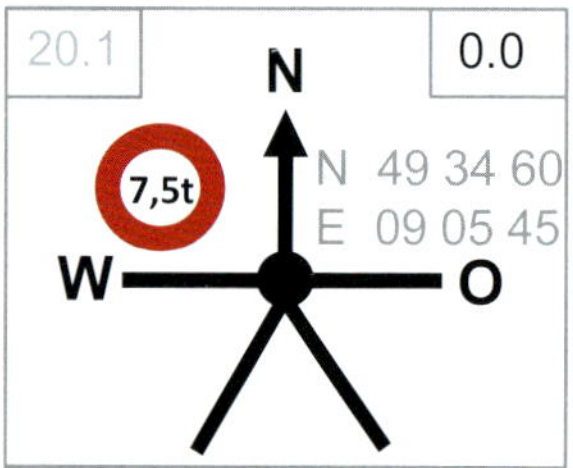

Start:
Ortsausgang
Hesselbach

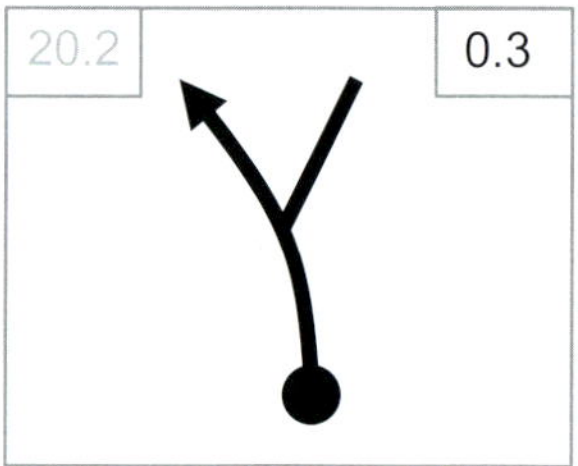

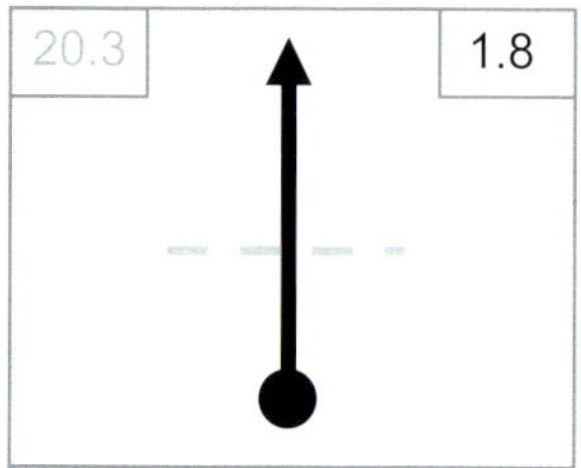

Gitterrost

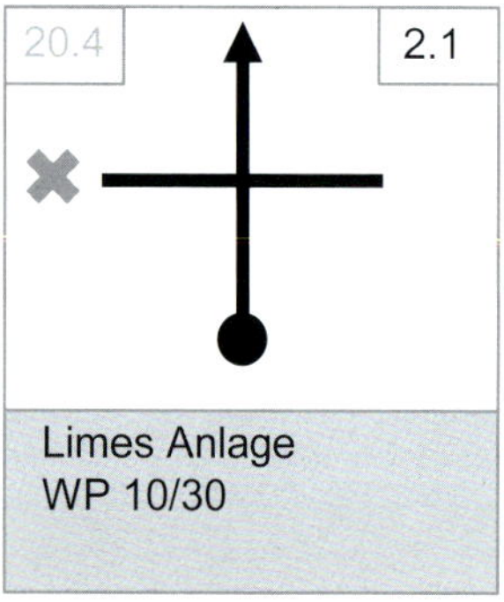

Limes Anlage
WP 10/30

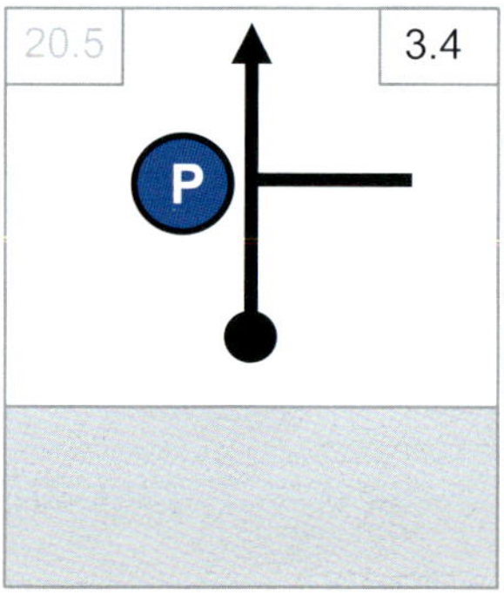

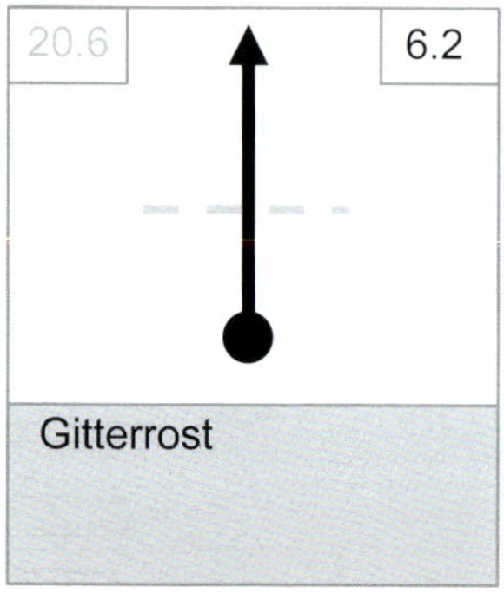

Gitterrost

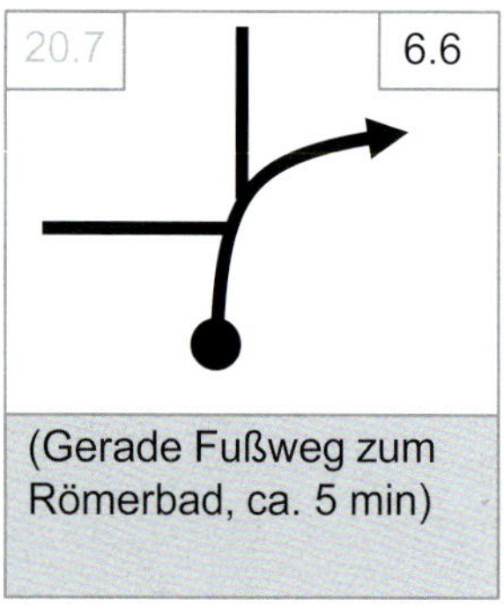

(Gerade Fußweg zum
Römerbad, ca. 5 min)

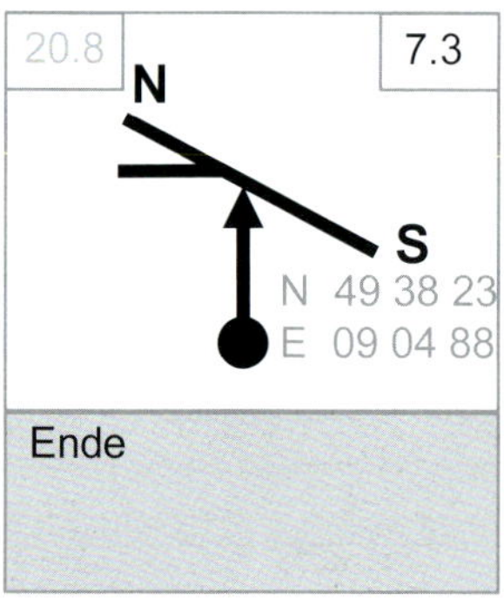

Ende

21 Kaolin

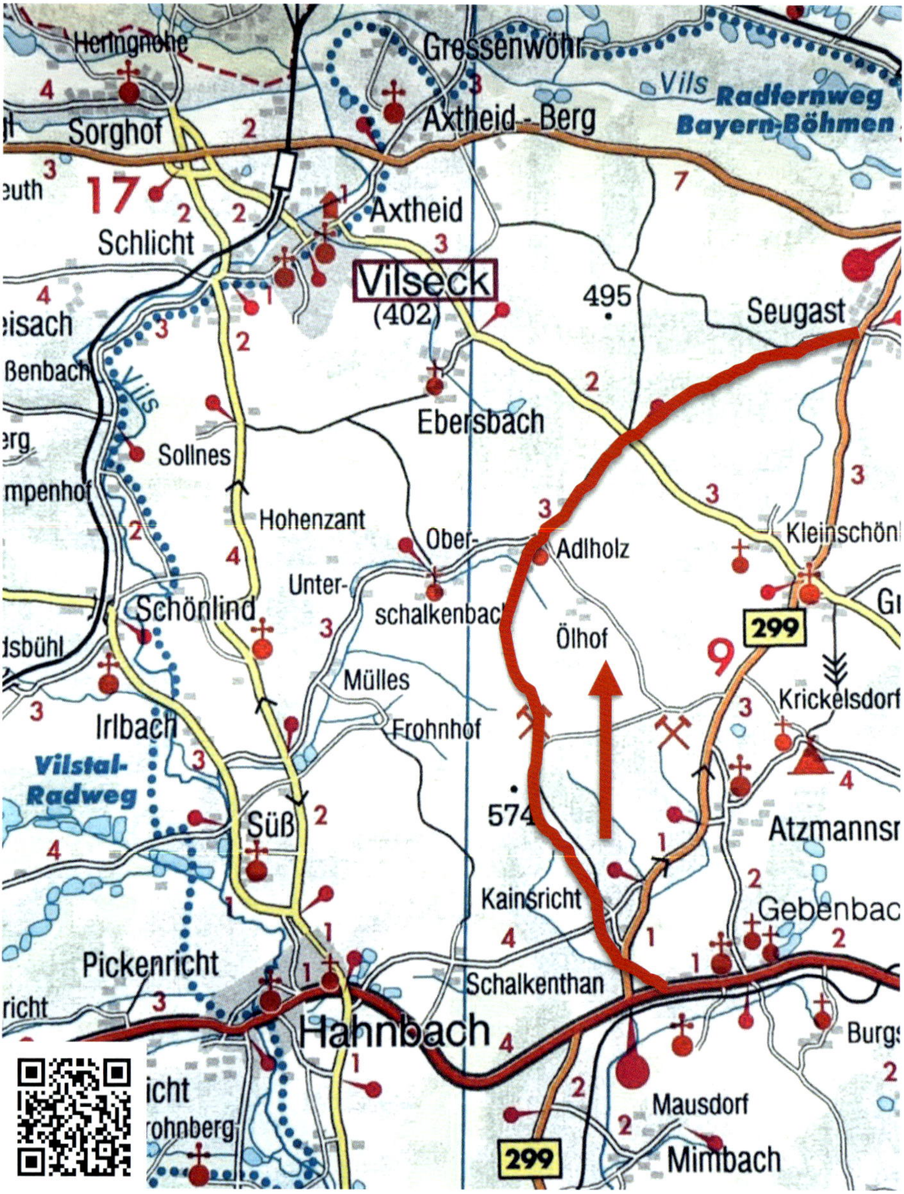

Gressenwöhr
Axtheid - Berg
Vils
Radfernweg Bayern-Böhmen
Sorghof
17
Axtheid
Schlicht
Vilseck
(402)
495
Seugast
Ebersbach
Sollnes
Hohenzant
Ober-
Adlholz
Kleinschönl
Unter-
schalkenbach
Schönlind
Ölhof
299
9
Mülles
Krickelsdorf
Frohnhof
Irlbach
Vilstal-Radweg
Süß
574
Atzmannsr
Kainsricht
Gebenbac
Pickenricht
Schalkenthan
Hahnbach
Burgs
Mausdorf
Mimbach

21

Nachdem der erste Teil der Strecke auf einer wenig benutzten Ortsverbindung verläuft, folgt der Track in seinem mittleren Abschnitt den Zufahrtswegen eines Kaolin-Tagebaus. Besonders an sonnigen Tagen besticht das Abbaugebiet durch seine leuchtenden Farben, die fast ein wenig an die Canyons im Süd-Westen der USA erinnern.

Als weltweit besonders seltene Art des Quarzsandes wird Kaolin - der Name leitet sich von der chinesischen Stadt Gaolin ab - zur Herstellung hochwertigen Porzellans verwendet. Hier in der Oberpfalz befindet sich das traditionelle größte Abbaugebiet dieses Rohstoffes, der dann zum Beispiel auch im Meißner Prozellan verabeitet wurde.

Besonders geeignet ist hierfür der reinweiße Sand, der am Boden der Grube sichtbar ist. Den besonderen Reiz macht auf diesem Track jedoch der leuchtende Kontrast zu den gelben und roten Gesteinsschichten aus.

21 Kaolin

21.1 | 0.0

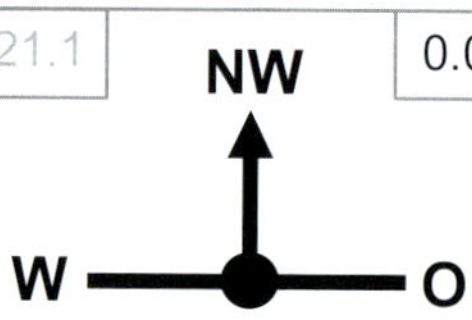

N 49 32 21
E 11 52 13

Start

21.2 | 0.4

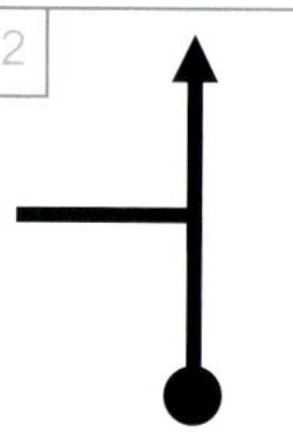

21.3 | 1.0

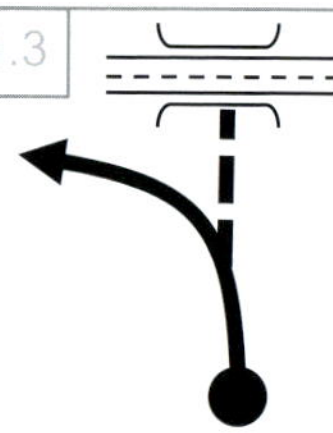

Vor der Unterführung abbiegen

21.4 | 1.1

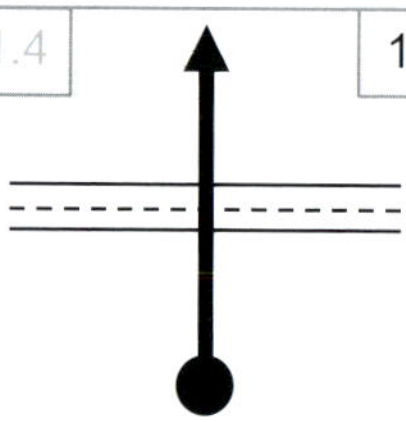

Richtung Kainsricht

21.5 | 1.5

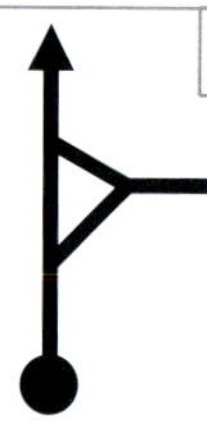

21.6 | 1.6

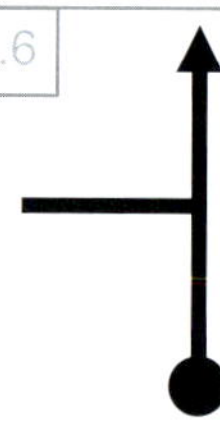

Richtung Waldkindergarten

21.7 | 2.1

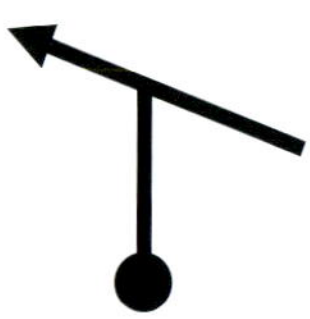

21.8 | 2.15

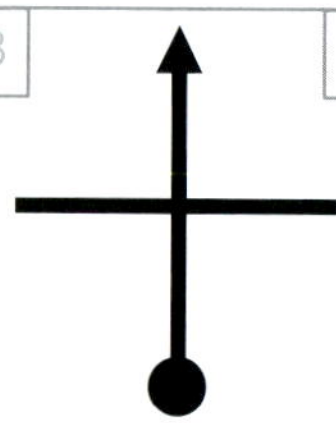

SCHOTTER

21.9 | 2.5

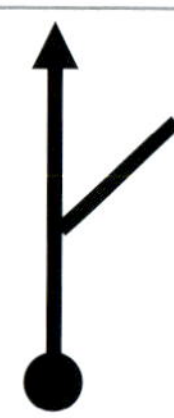

Kaolin 21

21.10 | 2.7

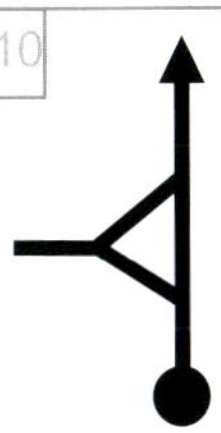

21.11 | 3.1

(Links Einfahrt Tagebau)

21.12 | 3.7

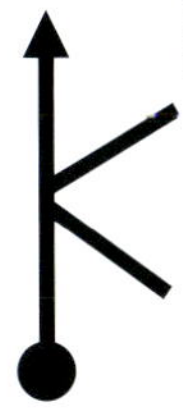

21.13 | 3.8

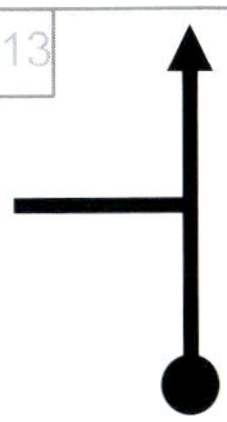

(Links Tagebau)

21.14 | 4.0

Rechts Windanlage

21.15 | 4.1

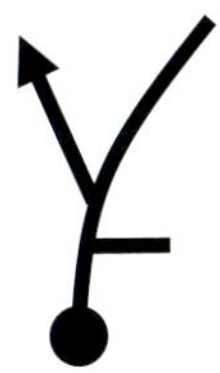

Richtung Adelholz
Amergerweg

21.16 | 4.4

21.17 | 5.5

TEER

21.18 | 5.9

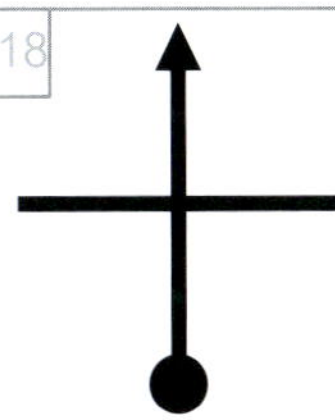

21 Kaolin

21.19 | 6.1 ⬇ 0.0
N 49 34 81
E 11 50 35
In Adlholz

21.20 | 1.8
N 49 35 48
E 11 51 43
SCHOTTER

21.21 | 2.5

21.22 | 4.2

21.23 | 4.3
BETONSPUR
Picknick Platz

21.24 | 4,9
N — B299 — S
N 49 36 13
E 11 53 51
Ende: in Ort Seugast

22 Blauberg

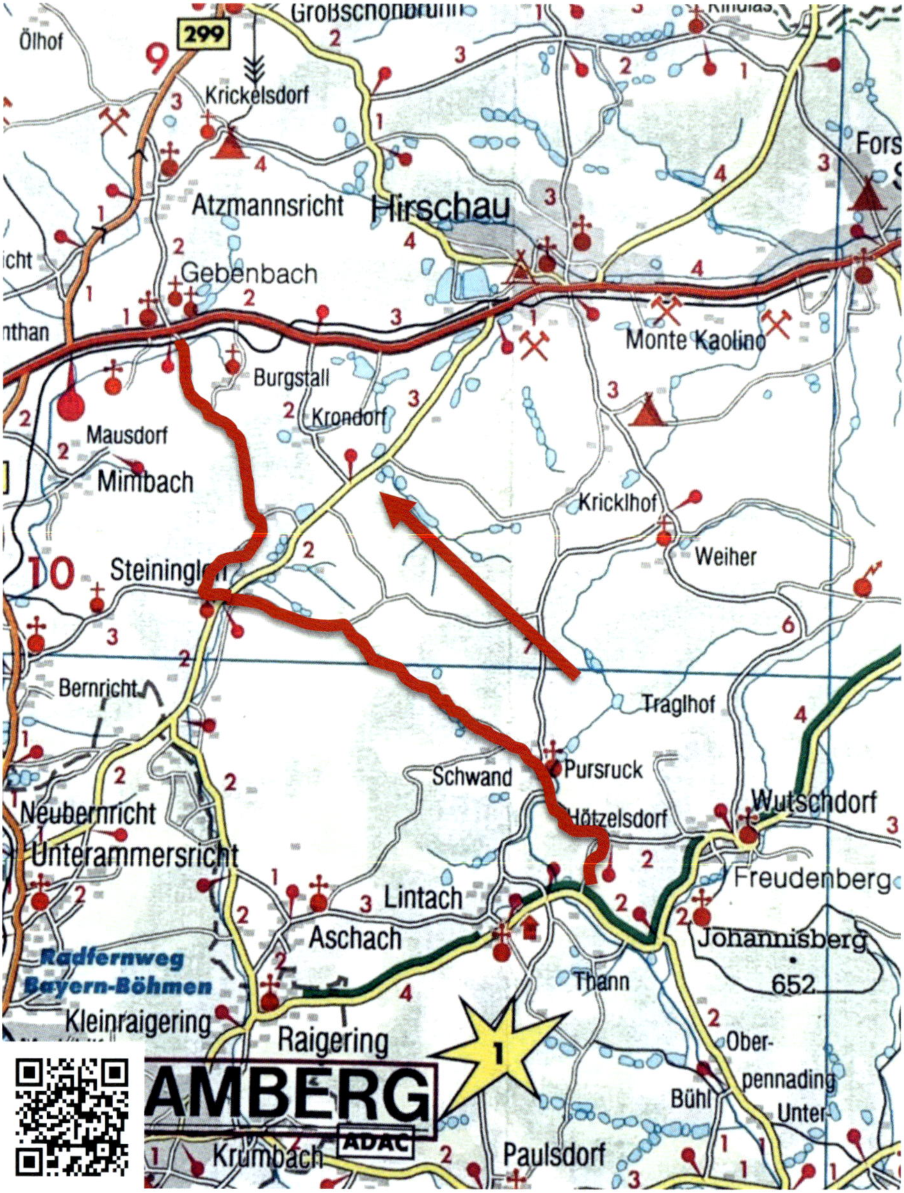
299
Ölhof
Krickelsdorf
Atzmannsricht
Hirschau
Gebenbach
Burgstall
Krondorf
Monte Kaolino
Mausdorf
Mimbach
Krickihof
Weiher
Steiningloh
Bernricht
Traglhof
Schwand
Pursruck
Hötzelsdorf
Wutschdorf
Neubernricht
Unterammersricht
Freudenberg
Lintach
Aschach
Johannisberg
652
Radfernweg
Bayern-Böhmen
Thann
Kleinraigering
Raigering
Ober-
pennading
Unter-
Bühl
AMBERG
ADAC
Krumbach
Paulsdorf

22

Obwohl es wohl zu Recht bezweifelt werden darf, dass sich das Lied „Von den blauen Bergen…“ auf das Gebiet des Blaubergs bezieht, konnten schon seit vielen Jahrhunderten Reisende behaupten, genau von hier zu kommen. An diesem Track kreuzen sich mit der „Goldenen Straße“, der „Bernsteinstraße“ und der „Hohen Straße“ drei der wichtigsten historischen Verkehrswege Deutschlands.

Über viele Jahrhunderte waren diese Strecken unbefestigte Tracks, geformt von den Füßen, Hufen und Karren der auf ihnen Reisenden. Wenn durch starke Nutzung, Erosion oder Auswaschungen eine Passage unpassierbar war, entstand daneben ein neues Spurenbündel. An einer Hinweistafel entlang der Strecke gibt es nicht nur weitere Informationen zu diesem Thema, mit nur ein paar Schritten in den Wald lassen sich auch heute mehrere parallel verlaufende Hohlwege als Überreste der Altstraßen entdecken.

Dieser abwechslungsreiche Track mit hohem Schotteranteil folgt in seinem Mittelteil zunächst der Hohen Straße. Nach unserer Meinung führt sogar ein kurzes Wegstück noch immer durch den historischen Hohlweg. Auf den letzten Kilometern schwenkt sie nach Süden auf die Bernsteinstraße, die Ostsee und Adria verband.

22 Blauberg

22.1 — 0.0

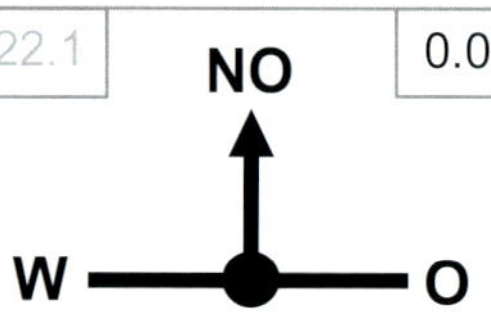

N 49 28 40
E 11 57 25

Start:
SCHOTTER

22.2 — 1.0

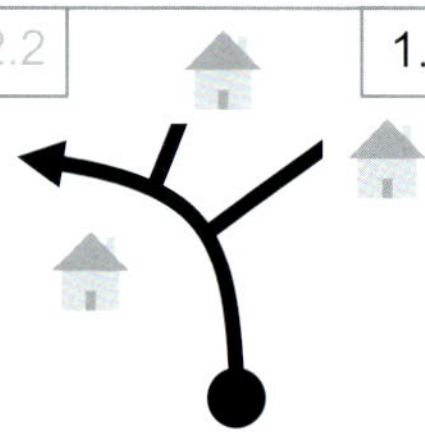

Hötzelsdorf

22.3 — 1.3

22.4 — 1.9

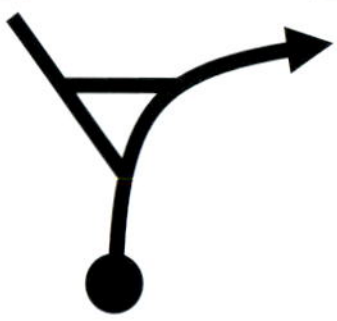

22.5 — 2.0

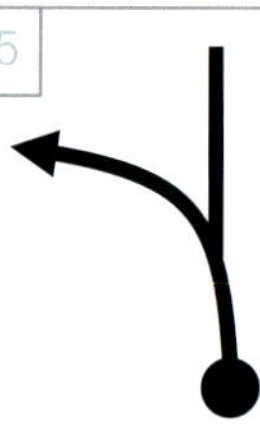

22.6 — 2.3

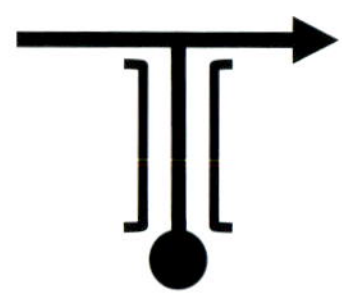

TEER

22.7 — 2.8

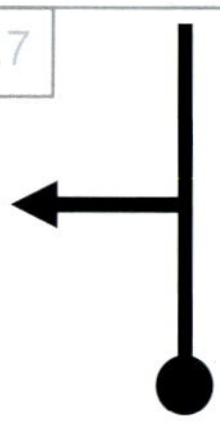

Richtung Schwand

22.8 — 3.3

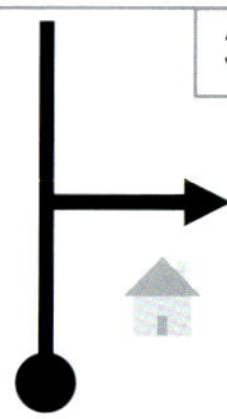

Am Schützenheim

22.9 — 3.6

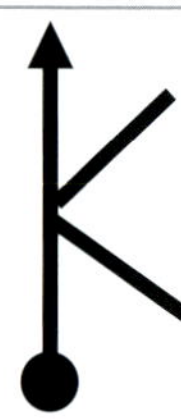

Blauberg 22

22.10 | 3.6

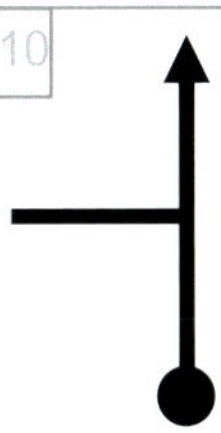

22.11 | 3.9

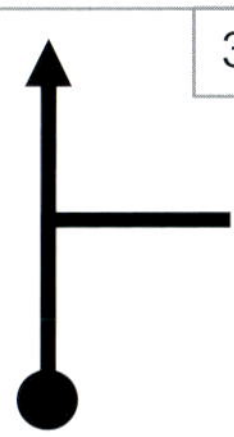

22.12 | 4.1

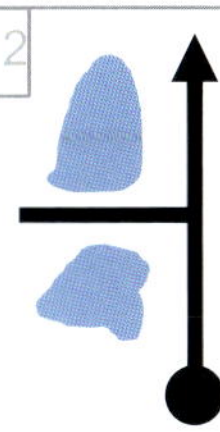

Fischseen

22.13 | 4.4

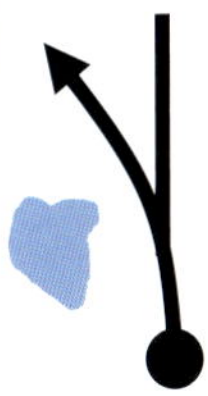

Fischsee

22.14 | 4.9

22.15 | 6.0

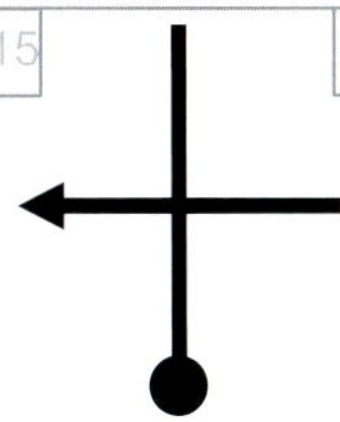

Kreuzungspunkt
Altstraßen

22.16 | 6.9

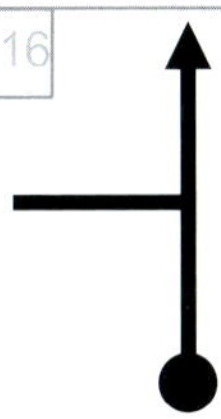

TEER

22.17 | 7.5

Ortseingang
Steiningloh

22.18 | 7.8 ⬇ 0.0

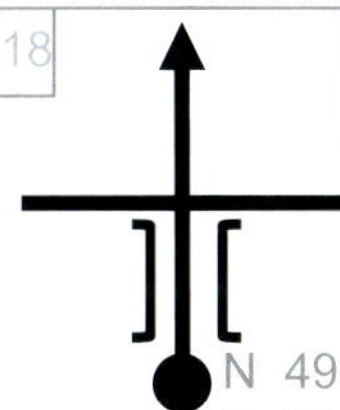

N 49 30 37
E 11 53 30

22 Blauberg

22.19 | 0.3

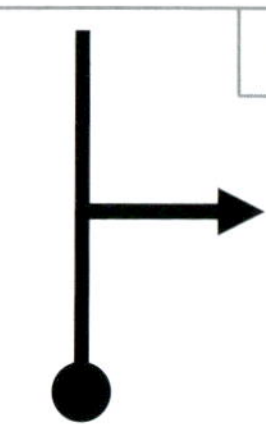

Richtung Feuerwehr / Gemeinschaftshaus

22.20 | 0.5

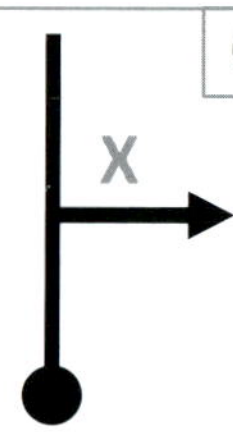

Kapelle

22.21 | 1.1

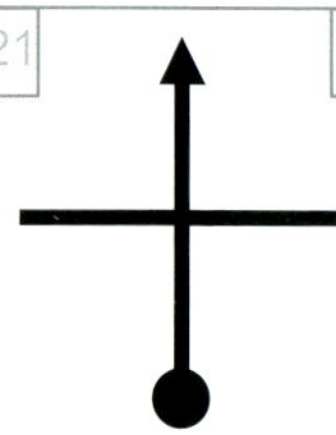

22.22 | 1.8

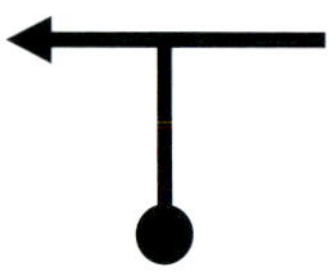

In Urspring
Richtung Gebenbach

22.23 | 1.9

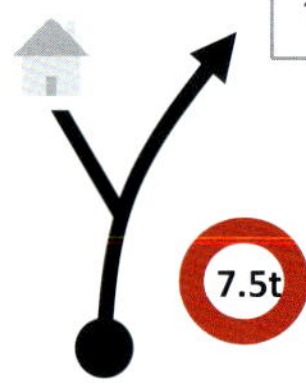

22.24 | 3.4

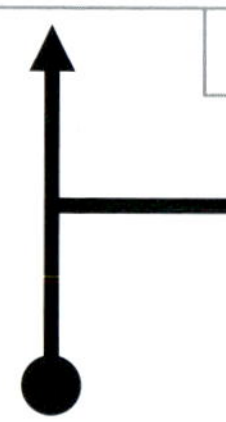

22.25 | 3.9

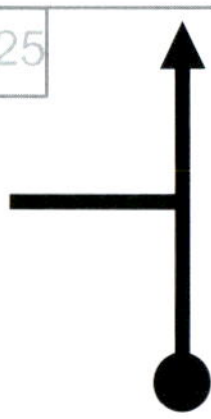

22.26 | 4.1

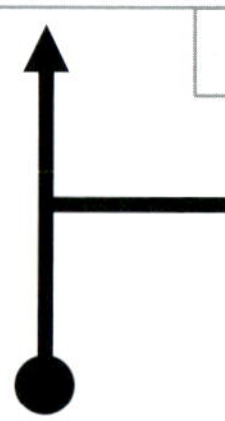

22.27 | 4.4

N 49 32 11
E 11 52 70

Ende: Ortseingang
Gebenbach
✖ Sportplatz

23 Kefering

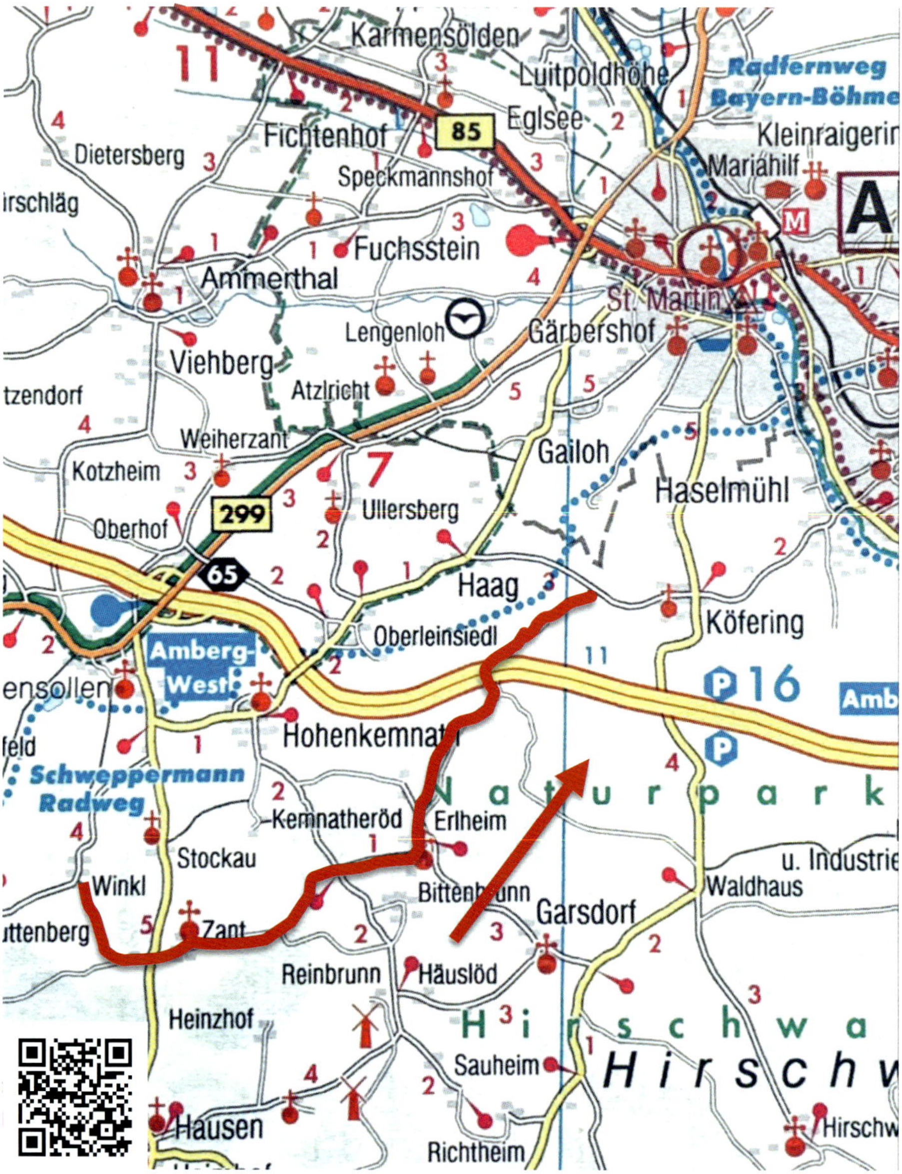

Karmensölden
Luitpoldhöhe
Radfernweg
Bayern-Böhmen
Fichtenhof
85
Eglsee
Kleinraigering
Dietersberg
Speckmannshof
Mariahilf
Fuchsstein
Ammerthal
St. Martin
Lengenloh
Gärbershof
Viehberg
Atzlricht
Weiherzant
Gailoh
Kotzheim
Haselmühl
Ullersberg
Oberhof
299
65
Haag
Köfering
Oberleinsiedl
Amberg-West
Hohenkemnath
16
Schweppermann Radweg
Naturpark
Kemnatheröd
Erlheim
Stockau
u. Industrie
Winkl
Waldhaus
Garsdorf
Zant
Reinbrunn
Häuslöd
Heinzhof
Hirschwa
Sauheim
Hausen
Richtheim

23

Auch wenn es auf den ersten Blick nicht den Anschein hat – insgeheim brodeln hier Exzess und Ausschweifung.

Die sich bei der Befahrung des Tracks so bodenständig als heile Welt präsentierende Gemeinde Köfering ist jedes letzte Augustwochenende der Schauplatz der in Insiderkreisen bayernweit gerühmten Keferinger Kerwa.
Aber auch den Rest des Jahres lohnt der Besuch dieser unaufgeregten Gegend. Viel Natur, idyllische Bauernhöfe und wenig Instagram Hype – genau richtig um eigene Entdeckungen zu machen.

Dieser Track quert in einer Mischung von kleinsten Teer- und Schotterstraßen dieses Gebiet. Etwas Bodenfreiheit ist auf den ersten Kilometern erforderlich.

23 Kefering

23.1 | 0.0

N 49 22 73
E 11 45 12

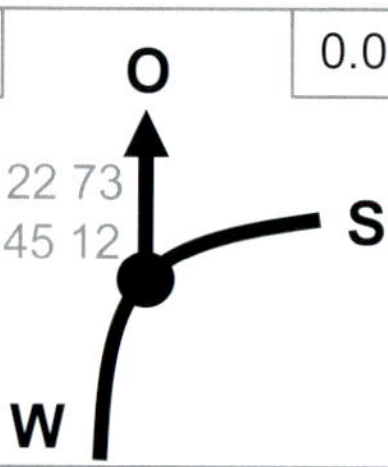

Start: im Ort Winkl
SCHOTTER

23.2 | 0.6

23.3 | 1.2

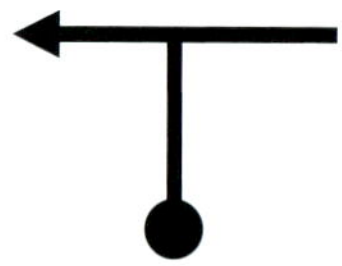

TEER

23.4 | 1.5

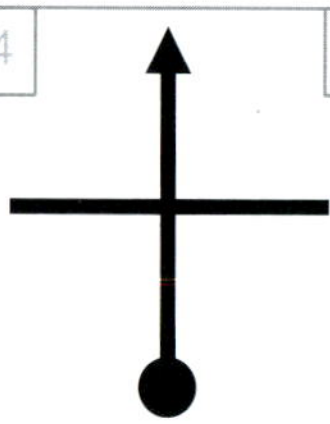

Richtung Zant

23.5 | 2.6

SCHOTTER

23.6 | 3.1

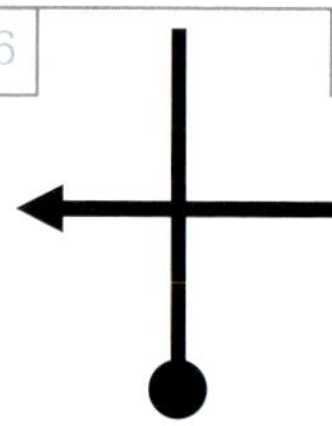

23.7 | 3.2

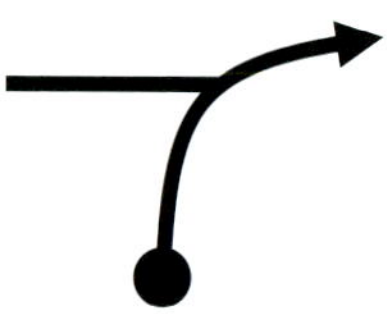

TEER

23.8 | 3.7

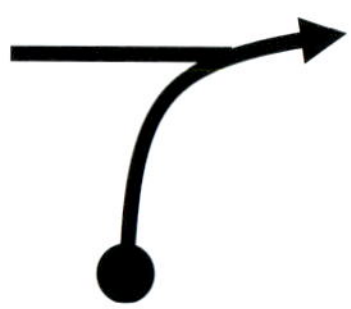

23.9 | 4.2

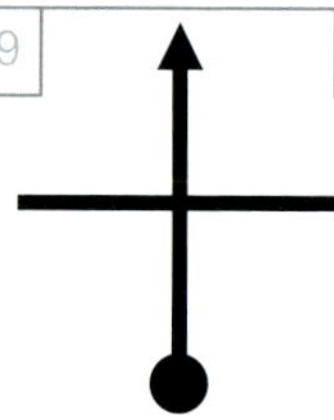

Richtung Erlheim
TEER

Kefering 23

23.10 | 5.5

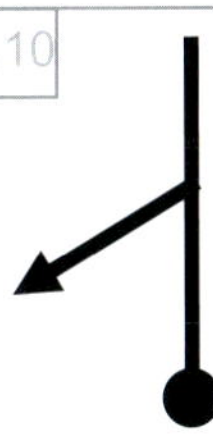

Richtung Inselsberg

23.11 | 6.0

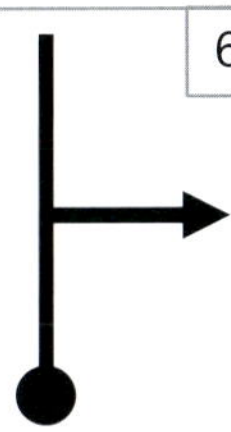

TEER

23.12 | 7.9

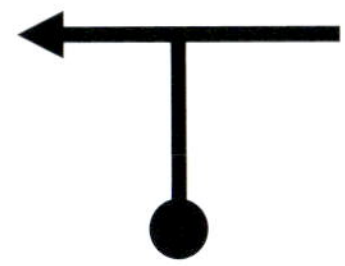

Richtung Köfering

23.13 | 8.2

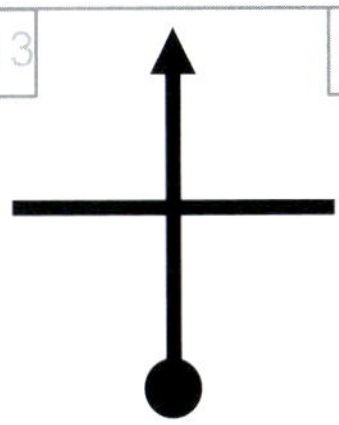

TEERABSCHNITT
400 m

23.14 | 8.4

Autobahnunterführung

23.15 | 9.6

23.16 | 9.7

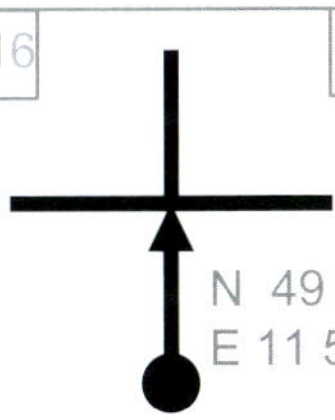

N 49 24 53
E 11 50 15

Ende:
(Rechts: Ortseingang Köfering)

24 Hirschwald

24

Der Jäger aus Kurpfalz – genau hier, in den ausgedehnten Waldgebieten südlich von Amberg war sein Revier.

Als Bediensteter der Kurfürsten bereitete er diesen schon seit dem Mittelalter mit ausgedehnten Jagdpartien Plaisir. Die Bauern und Bewohner der Region wurden dabei zu Frondienst herangezogen, viele verließen daraufhin ihre Siedlungen.
Heute ist der Hirschwald ein vielfältiger Naturpark und für seinen Artenreichtum und die Vielfalt an Ökosystemen bekannt. Im Rahmen modernen Wildmanagements ist er heutzutage eine deutlich volksnähere Quelle für erlesenes Wildfleisch. Dies und die traditionsreiche Zubereitung der Gerichte haben dem Hirschwald das bayrische Prädikat „Genussregion" eingebracht.

Dieser Track verläuft zwischen kleinen Weilern bevor er, als problemlos befahrbarer Schotterweg tief in den Hirschwald eintaucht und beinahe an der Stadtgrenze Ambergs endet. Wer die feudale Jagdhistorie mit dem bürgerlichen Vergnügen eines schmackhaften Wildgerichtes verknüpfen möchte, ist in der Wirtschaft Waldhaus, deren Ursprünge in die Fürstenzeit zurückreicht, genau richtig.

24 Hirschwald

24.1 — 0.0

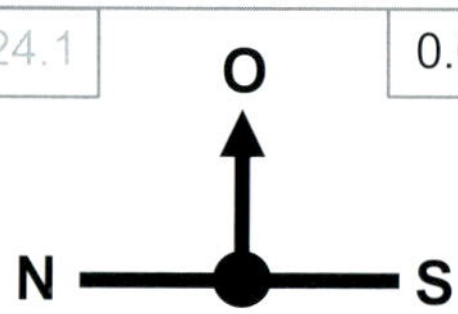

N 49 22 52
E 11 51 25

Start:
Richtung Wolfsbach
SCHOTTER

24.2 — 3.1

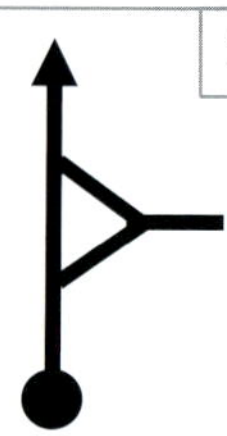

24.3 — 3.7

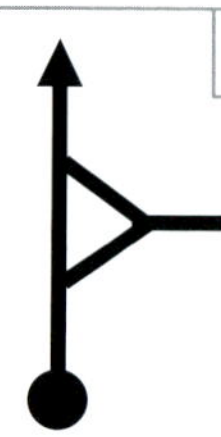

24.4 — 4.2

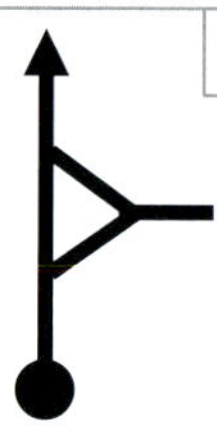

24.5 — 4.6

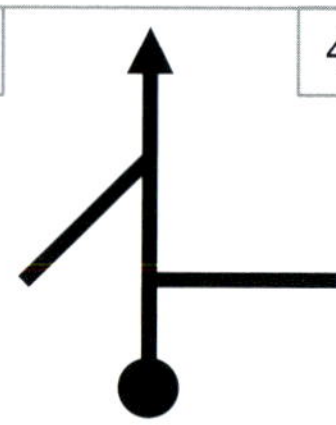

24.6 — 4.8

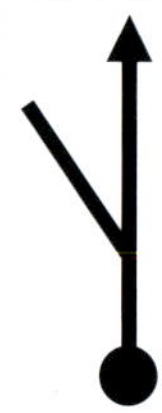

Ortseingang Wolfsbach
TEER

24.7 — 5.0

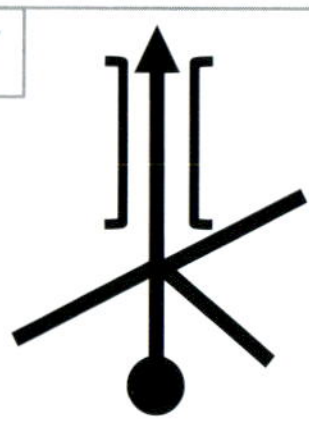

24.8 — 5.2

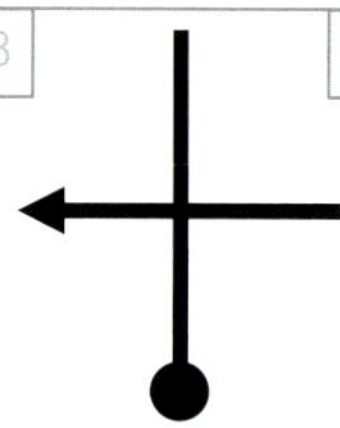

24.9 — 6.0

N 49 22 37
E 11 55 43

Ende:
Unter Brücke Richtung
Hofstetten

40
Auf diesem We
kein Winterdien
Benutzung auf
eigene Gefahr
5 km
LAND CRUISER

25 Direttissima

25

Als Direttissima bezeichnet man beim Bergsteigen die möglichst direkte Linie zum Gipfel.

Da heutzutage die Hauptverkehrsflüsse in dieser Gegend von den einzelnen Ortschaften eher nach Norden Richtung Amberg gut ausgebaut sind, zick-zackt der konventionelle Automobilist, wenn er auf geteerten Strecken von Ort zu Ort Richtung Osten fahren möchte.
Dieser Track folgt jedoch den direkteren historischen Ortsverbindungen. Früher war der Nachbarort doch wichtiger (und vor allem nahe liegender) als die Residenzstadt.

Diese Wege sind heutzutage teilweise recht rustikal. Wir empfehlen die unbefestigten Abschnitte dieses Tracks nur mit etwas Bodenfreiheit und Augenmaß zu befahren – durch Auswaschungen und Spurrinnen kann es sonst zu Aufsetzern kommen.

25 Direttissima

25.1 | 0.0

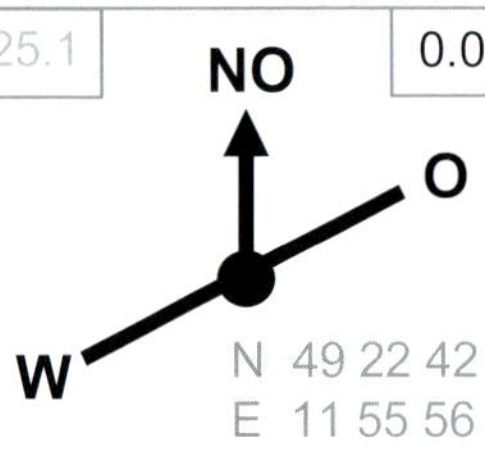

Start:
auf SCHOTTER /
NATURWEG

25.2 | 0.8

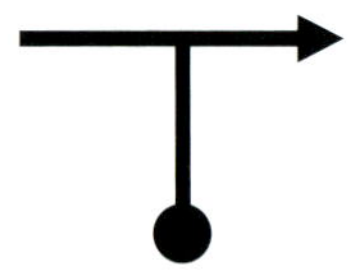

Bergauf

25.3 | 1.5

Ortseingang
Hofstetten
TEER

25.4 | 1.7

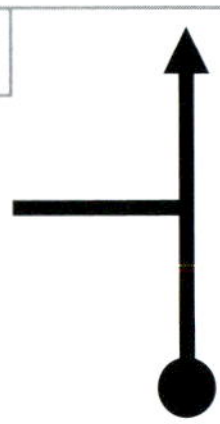

25.5 | 1.8

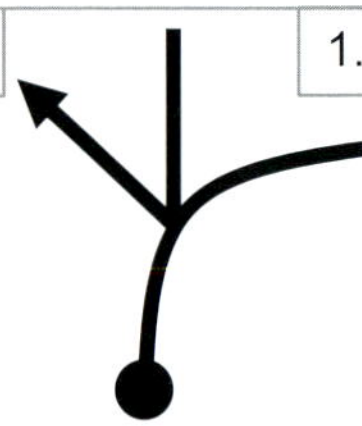

Auf NATURWEG

25.6 | 3.7

Haus

25.7 | 3.8

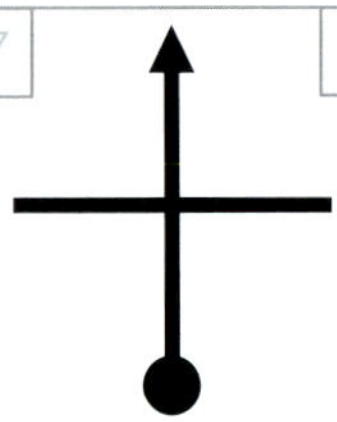

TEER

25.8 | 4.2

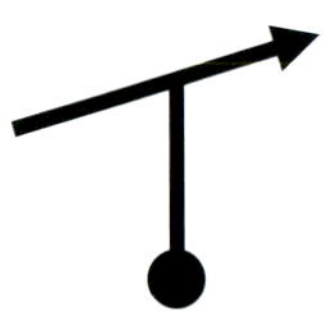

25.9 | 4.3

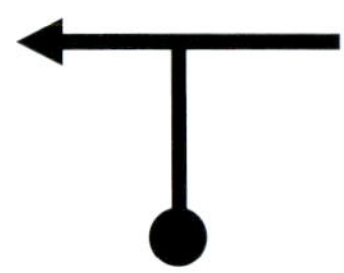

Richtung Diebis

Direttissima 25

25.10 | 4.9

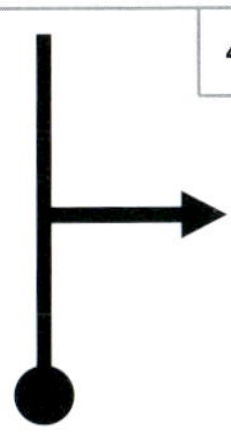

Richtung Au

25.11 | 5.1

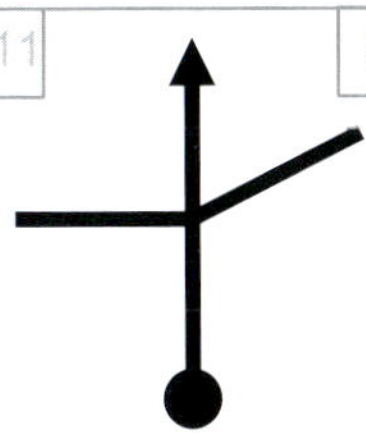

25.12 | 5.4

Richtung Sandberg

25.13 | 5.6

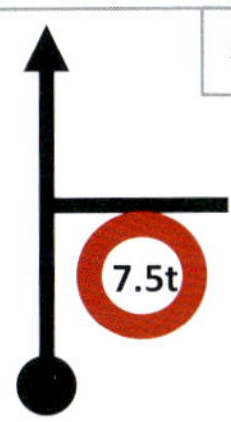

25.14 | 6.4

Entlang Stromleitung
SCHOTTER

25.15 | 7.6

TEER

25.16 | 8.2

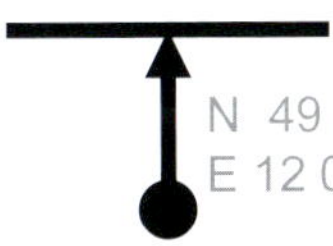

N 49 22 26
E 12 01 28

Ende: Ortseingang
Pittersberg

Der Trend geht zum Zweit-Buch…

Als Druckversion im Buchhandel, bei amazon und direkt bei uns erhältlich

Über uns

Wir sind Melina und Matthias, neugierig, abenteuerlustig und sehr reisefreudig. Wir lieben es, andere Länder und Kulturen immer wieder auf Nebenstrecken neu zu entdecken. Wahrscheinlich tragen wir ein bisher unerforschtes (aber einigen wohl bekanntes) Nomaden-Gen in uns ...

Diese Leidenschaft haben wir zum Beruf gemacht und sind neben den Autoren dieses Buches auch Reiseleiter, die sich auf außergewöhnliche 4x4-Reisen rund um den Globus spezialisiert haben.

Mit unseren Kollegen der experience GmbH organisieren und führen wir abenteuerliche 4x4 Erkundungsreisen auf fünf Kontinenten und in mehr als 130 Ländern für Individualreisende und Firmenkunden durch.

Falls Du mehr über experience wissen möchtest, besuche gerne unsere Website www.experience.de.

Oder lieber ganz individuell unterwegs? Für Gruppen ab 4 Personen kann man uns für Touren aller Schwierigkeiten engagieren.

Kontakt: info@experience.de

Nachwort

Uns war klar, dass es nicht einfach werden würde, ein Trackbook Nord-Bayern zu schreiben.

Und ja, es war dann wirklich teilweise herausfordernd schöne, abenteuerliche Strecken zu finden, die etwas von der Region erzählen. Insgesamt sind wir im Winterhalbjahr 20/21 viermal in die Mitte der Republik aufgebrochen, um Tracks zu recherchieren und aufzuzeichnen.

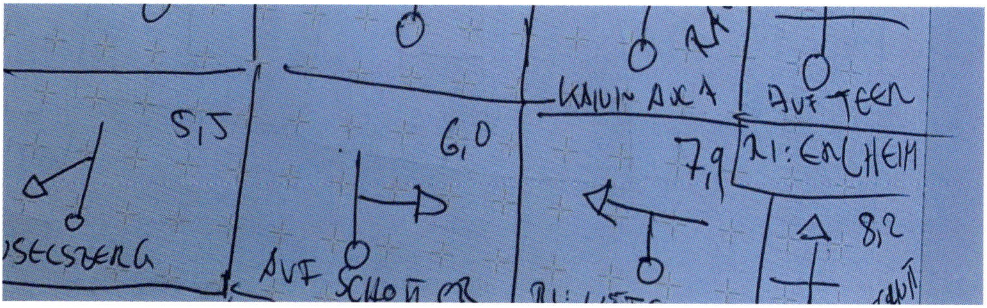

Dabei wurden es dann weit mehr Kilometer als bei jedem anderen Trackbook. Bei teilweise unwirtlichen Bedingungen haben wir schon ans Aufgeben gedacht. Doch unser Ehrgeiz war geweckt und tatsächlich haben wir eine, wie wir finden, sehr reizvolle Mischung von Tracks in den verschiedenen Regionen Nordbayerns erkundet.

Wir wünschen Euch, dass Ihr unterwegs in den Genuss von geöffneten Gasthäusern, Biergärten und Sehenswürdigkeiten kommt, das macht ja einen wesentlichen Reiz einer Tour durch Bayern aus. Wir hoffen, dass dieses Trackbook ein nützliches Werkzeug für Eure Planung und Reise ist – und sind uns ziemlich sicher, es wieder nicht geschafft zu haben Fehler zu vermeiden. Daher bitte das Hirn unterwegs nicht ausschalten.

Wir danken besonders:

- freytag&berndt für die Nutzung der Karten
- VW Nutzfahrzeuge für das Hotel California mit Allradantrieb
- Leiff van der Campen aka Leander Bindewald für unermüdliches und vergnügliches Trackscouten und Wintercampen
- Sabine und Barbara für Geduld und Lektorat

Wir freuen uns auf Eure Rückmeldungen und auch über neue Streckenvorschläge

Gute Reise!
Melina und Matthias

Flensburg / Fulda, April 2021

experience
driving the world
Welche Farbe haben die
Berge
hinter den blauen Bergen?
www.experience.de
4x4-Reisen auf 5 Kontinenten